3차 개정판

어린이 **훈민정음**

맞춤법   발음

어휘력은 모든 학습의 뿌리

띄어쓰기

원고지 사용법

기초 문법

5-2

책을 펴내며

언어는 의사소통은 물론이고, 자신의 생각을 표현하는 데 꼭 필요한 수단입니다. 이런 언어의 기본 단위가 바로 어휘입니다. 따라서 어휘력의 양적, 질적 향상은 매우 중요하다고 하겠습니다. 특히 학습 과정에 있는 학생들에게 있어 어휘력은 학습의 성패를 좌우할 만큼 중요한 요소입니다. 모든 교과 학습은 물론, 그 결과를 묻는 시험이 언어를 통해 이루어지기 때문입니다. 그러므로 어휘력은 단순히 국어 공부의 한 부분이 아니라, 모든 학습의 기본이자 필수 항목인 것입니다.

국어에는 총 50만 개가 넘는 어휘가 있고, 사회가 발전함에 따라 어휘는 생성과 소멸을 반복하며 변화하고 있습니다. 원만한 사회생활을 위해서 기본적으로 알아야 하는 어휘 수는 대략 5만 개 정도로 봅니다. 그런데 이 가운데 초등학교 과정에서 배우는 어휘가 약 2만 5천 개 정도나 됩니다. 결국 우리는 생활에 필요한 어휘의 반을 초등학교 과정에서 배우게 됩니다. 그만큼 초등학교 때 어휘 공부는 대단히 중요합니다.

그렇다면 초등학생들의 어휘력 향상을 위한 가장 좋은 학습 방법은 무엇일까요?

바로 교과서와 연계하여 관련 어휘를 학습하는 것입니다. 교과서에서 눈에 익은 어휘는 그만큼 어린이들이 쉽게 받아들이고 배우기에 수월합니다. 그리고 교과서 어휘를 완벽하게 익힘으로써 학습 효과를 높이는 것은 물론이고, 공부에 자신감이 생기게 됩니다. 이 책의 편집 원칙 가운데 첫째로 삼은 것이 바로 이 점입니다.

본 교재는 출간 당시부터 지금까지 여러 선생님과 학부모님들로부터 좋은 평가를 받아 왔던 '어린이 훈민정음'의 3차 개정판입니다. 2019년부터 적용되는 새 교과서 내용에 따라 이번에 전면 개정을 하였습니다. 학년별로 꼭 필요한 어휘를 선정하고, 어린이들이 쉽고 재미있게 학습하도록 문제 형식을 다양하게 구성하였습니다.

아무쪼록 본 교재를 통해 어린이들이 어휘 학습에 흥미를 느끼고, 자신감을 얻어 교과 학습은 물론이고 바른 국어 생활을 하는 데 이 책이 길잡이가 되기를 바랍니다.

감사합니다.

도서출판 시서례

★3차 개정판★ 어린이 **훈민정음**

목차

책을 읽고 생각을 나누어요

1 탐험심

探 險 心

찾을 탐 험할 험 마음 심

위험을 무릅쓰고라도 알려지지 않은 곳을 살피고 조사하고 싶은 마음.

예) 콜럼버스는 탐험심을 버리지 않았다.

 다음 설명을 읽고 '마음 심(心)'이 들어간 낱말을 쓰세요.

(1) 성규는 용기와 [모 험   ] 이 대단하다.

* 위험을 무릅쓰고 어떠한 일을 하려는 마음.

(2) 일본 팀을 만난 우리 선수들은 [겨 재   ] 이 불타올랐다.

* 남과 겨루어 이기려는 마음.

(3) 미경이는 [ㅈ 조   ] 이 무척 세다.

* 남에게 굽히지 않고 자신의 가치나 품위를 지키려는 마음.

(4) 나는 놀이기구 앞에서 심한 [고 포   ] 을 느꼈다.

* 두려워하고 무서워하는 마음.

2 책

다음은 책을 깊이 있게 읽는 방법입니다. 빈칸에 알맞은 낱말을 쓰세요.

(1) 제목만 보고 책 내용에 대해 ㅅ ㅇ ㄱ 을 가져서는 안 된다.

  * 직접 경험하지 않고, 어떤 대상에 대해 미리 마음속에 가지고 있는 생각.

(2) 책 속에 ㄱ ㅈ 된 내용은 없는지 잘 살펴보아야 한다.

  * 사실보다 지나치게 부풀려서 나타내는 것.

(3) ㅇ ㄱ 된 내용이 있는지 책을 비판적으로 읽는다.

  * 사실과 다르게 만드는 것.

(4) 자신이 그런 상황이라면 어떻게 했을지 ㅅ ㅅ 하며 읽는다.

  * 실제로 겪지 않은 현상이나 사물을 머릿속으로 생각해 보는 것.

(5) 궁금한 점이 있으면 스스로 ㅈ ㅁ 하고 답도 하며 읽는 것이 좋다.

  * 모르는 것이나 알고 싶은 것을 묻는 것.

(6) 책 내용과 관련 있는 자신의 ㄱ ㅎ 이나 지식을 떠올리며 읽는다.

  * 직접 해 보거나 겪어 보는 것.

다음은 책과 관계있는 낱말입니다. 설명에 알맞은 낱말을 쓰세요.

(7) 책을 함부로 복사하는 것은 | 저 | 작 | 권 | 을 무시하는 일이다.

* 책이나 예술 작품을 지은 사람이 자기가 지은 것에 대해 가지는 권리.

(8) 나는 이 책의 | 해 | 시 | 어 | 가 무엇인지 생각해 보았다.

* 어떤 글의 중심이 되는 낱말.

(9) 현정이는 읽던 책에 | 책 | 가 | 피 | 를 꽂아 두고 잠자리에 누웠다.

* 읽던 곳이나 필요한 곳을 찾기 쉽도록 책에 끼워 두는 물건.

(10) 우리 모둠은 이 책을 읽고 다음 주에 | 서 | 평 | 을 하기로 했다.

* 책을 읽고 내용에 대해 하는 평가.

(11) 누나는 시, 소설 같은 | 문 | 학 | 작품을 무척 좋아한다.

* 생각이나 감정을 언어로 표현한 예술.

(12) 현수는 슈바이처 | 위 | 인 | 전 | 을 읽고 독후감을 썼다.

* 뛰어나고 훌륭한 사람의 삶과 한 일을 적은 글.

3 무슨 낱말일까요?

🐾 설명을 읽고, 빈칸에 알맞은 낱말을 넣어 문장을 완성하세요.

(1) 나는 친구들의 | 과 | 시 | ㅅ | 를 조사해 보았다.

    * 관심을 끄는 일.

(2) 컴퓨터로 내가 찾는 책의 | 처 | ㄱ | 기호를 검색했다.

    * 남에게 돈이나 물건 등을 달라고 요구하는 것.   * ○○ 기호: 자료를 잘 정리하기 위해 나타낸 기호 표시.

(3) | 부 | 랴 | 이 너무 많아. 이 책을 오늘 다 읽는 건 무리야.

    * 많고 적음의 정도.

(4) 콜럼버스는 | ㅈ | 저 | 상태가 좋지 않아 도움이 필요했다.

    * 돈. 경제 상태.

(5) 놀부 형님, 저희 식구를 조금만 | ㅈ | 워 | 해 주십시오.

    * 어떤 일을 뒷받침하여 돕는 것.

(6) | 서 | 지 | 므 | 물 | 을 빨리 받아들여 앞서 나가야 한다.

    * 어떤 분야에서 앞섬.   * 문화와 관련한 모든 것.

(7) 학생회장 후보들이 자신에게 투표해 달라고 | ㅎ | ㅅ | 하고 있다.

* 어떤 일에 참여하도록 다른 사람의 마음이나 감정을 불러일으키는 것.

(8) 부모님은 내가 무슨 일을 하든지 묵묵히 | 후 | ㅇ | 해 주신다.

* 뒤에서 도와주는 것.

(9) 흥부가 지금은 가난하지만 | ㅎ | 날 | 큰 부자가 된다.

* 시간이 지나 뒤에 올 날.

(10) 스페인의 왕은 콜럼버스의 | ㅈ | 아 | 을 거절하였다.

* 내놓은 의견.

(11) 우리는 자연의 | ㅎ | 태 | 을 누리고 산다.

* 자연환경이나 사회 제도, 사업 등이 사람들에게 주는 도움과 이익.

(12) 독서 토론의 과정은 '주장 펼치기 – | 바 | 로 | 하기 – 주장 다지기'다.

* 남의 의견에 반대하여 다른 주장을 펴는 것.

(13) 선생님은 선생님이 되겠다고 결심한 | ㄱ | ㄱ | 가 있었어요?

* 어떤 일을 일으키는 원인.

4 콜럼버스

콜럼버스와 관련한 문장입니다. 빈칸에 알맞은 낱말을 쓰세요.

(1) 콜럼버스는 | ㅅ | ㄷ | 륙 | 을 찾으려는 계획을 세웠다.

     * 유럽인 입장에서 볼 때 새로운 대륙이라는 뜻으로, 아메리카 대륙이나 오스트레일리아 대륙을 이르는 말.

(2) 콜럼버스는 도움을 원했지만, 어느 나라의 | 와 | 시 | 도 도와주지 않았다.

     * 임금의 집안.

(3) 마침내 | ㅁ | ㅈ | 의 땅을 찾기 위해 길을 나섰다.

     * 아직 알지 못함.

(4) 콜럼버스는 거친 파도를 뚫고 | 하 | ㅎ | 를 이어갔다.

     * 배를 타고 바다 위를 다니는 것.

(5) 콜럼버스가 발견한 대륙에, 사람들이 미국이라는 나라를 | ㄱ | 구 | 하였다.

     * 나라를 세움.

(6) 미국은 1776년에 영국에서 | ㄷ | 리 | 하였다.

     * 한 나라가 다른 나라에 구속 받거나 의존하지 않는 것.

5 사람

다음 설명에 맞는 사람을 쓰세요.

(1) 배에 타서 여러 일을 하는 사람.

서	워

(2) 나라를 위해 충성을 다해 싸운 사람.

여	사

(3) 군대를 지휘하고 병사들을 다스리는 군인.

자	ㄱ

(4) 도서관에서 전문적으로 책을 관리하는 사람.

ㅅ	ㅅ

(5) 신부, 목사, 스님처럼 종교에 관한 일을 하는 사람.

서	지	자

(6) 위험을 무릅쓰고 어떤 곳을 살펴보고 조사하는 사람.

ㅌ	ㅎ	가

(7) 그 지역에 원래부터 살고 있는 사람.

원	ㅈ	ㅁ

제 1 과 마음을 나누며 대화해요

1 자신감

自信感
스스로 자 믿을 신 느낄 감

어떤 일을 해낼 수 있다고 스스로 굳게 믿는 느낌.

예) 자신감이 없으면 어떤 일도 해낼 수 없다.

다음 설명을 읽고 '느낄 감(感)'이 들어간 낱말을 쓰세요.

(1) | 고 | | | 하며 대화하면 상대방의 마음을 이해할 수 있다.

* 남의 감정, 의견, 주장 등에 대해 자기도 그렇다고 느끼는 것.

(2) 귀신이 나올 것 같다는 | 부 | 아 | | 때문에 잠을 이루지 못했다.

* 마음이 편하지 않고 조마조마한 느낌.

(3) 피아노를 잘 치는 현수 앞에만 가면 | 여 | 드 | | 이 느껴진다.

* 자기가 남보다 못하다는 느낌.

(4) 모두가 나를 환영해 주니 | 소 | 소 | | 이 생겼다.

* 자신이 어떤 집단에 속해 있다는 느낌.

2 무엇일까요?

그림에 알맞은 이름을 골라 쓰세요.

(1)

짚신

나막신

(2)

(3)

마차

소달구지

(4)

(5)

조종간

계기판

(6)

3 무슨 낱말일까요?

설명을 읽고, 빈칸에 알맞은 낱말을 넣어 문장을 완성하세요.

(1) 지영아, 너를 찾고 있었는데 | 마 | 치 | 잘 만났다.

    * 어떤 경우나 기회에 딱 알맞게.

(2) 이 걸레로 닦으니 얼룩이 | ㄱ | ㅅ | 사라졌다.

    * 얼마 되지 않는 짧은 시간 안에. '금시에'의 준말.

(3) | ㅅ | ㅅ | 미 | 로 너무 세게 문지르면 그릇이 상할 수 있다.

    * 설거지할 때 그릇을 씻는 데 쓰는 물건.

(4) 이 | 그 | 소 | 은 공기와 닿아도 녹이 슬지 않는다.

    * 열과 전기를 잘 전달하고, 펴지고 늘어나는 성질이 많은 물질을 통틀어 이르는 말. 🔵 쇠붙이

(5) 날마다 | 지 | ㅇ | 일 | 을 하시는 어머니는 얼마나 힘이 드실까?

    * 집 안에서 하는 여러 일. 밥하기, 빨래, 청소 등이 있다. 🔵 가사

(6) 소셜 네트워크 서비스를 | ㄴ | 리 | | ㅅ | 토 | 망 | 이라고 바꿔 부르기

도 한다. 인터넷을 이용하여 자유롭게 글이나 사진 등을 올리고 대화를 나누는 공간이다.

(7) 상대가 말을 할 때에는 눈을 맞추고 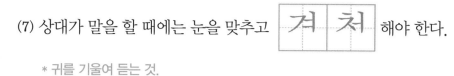 해야 한다.

　＊ 귀를 기울여 듣는 것.

(8) 내가 좋아하는 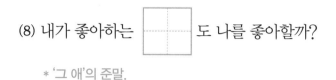 도 나를 좋아할까?

　＊ '그 애'의 준말.

(9) 네가 병문안을 와 주어서  기뻤어.

　＊ 사실과 조금도 다름이 없이.　🔁 정말로

(10) 우리 부모님은  나에게 사랑한다고 말씀해 주신다.

　＊ 매일같이 계속.　🔁 맨날

(11) 비행기를 처음 본 사람들이 ' 괴물'이라고 불렀다.

　＊ 쇠붙이가 뭉쳐져서 된 덩이.

(12) 말을 타고 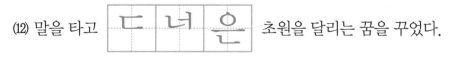 초원을 달리는 꿈을 꾸었다.

　＊ 활짝 트이고 아주 넓은.

(13) 권기옥은 비행기를 조종하기 위해 열심히 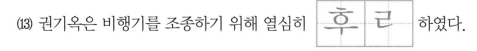 하였다.

　＊ 어떤 일을 배우거나 익히기 위해 되풀이하여 연습하는 일.

4 '농담'과 '험담'

다음 뜻을 보고, 괄호 안에 알맞은 낱말을 쓰세요.

농담	: 남을 웃기려 하거나 장난으로 하는 말.
험담	: 남의 잘못이나 단점을 끄집어내어 나쁘게 하는 말.

(1) 현진이는 (   )을 재미있게 잘해서 인기가 많다.

(2) 그 사람이 없는 곳에서 (   )을 하며 헐뜯고 싶지 않아.

조정	: 무엇을 어떤 기준에 맞도록 정돈하는 것.
조종	: 비행기나 배, 자동차 등을 다루어 마음대로 움직이는 것.

(3) 우리 학교는 학급의 인원수를 20명으로 (   )하였다.

(4) 내 꿈은 비행기를 (   )하는 것이다.

오프라인	: 컴퓨터의 통신 연결이 되지 않아 정보를 주고받을 수 없는 상태.
온라인	: 컴퓨터가 통신으로 연결되어 정보를 주고받을 수 있는 상태.

(5) 요즘은 직접 만나지 않고도 (   )으로 소식을 주고받을 수 있어서 좋다.

(6) 통신에 장애가 생겼는지 아까부터 컴퓨터가 계속 (   ) 상태다.

5 무슨 뜻일까요?

밑줄 친 말의 알맞은 뜻을 찾아 번호를 쓰세요.

(1) 현수는 내 말에 <u>시큰둥하게</u> 대답했다.　　　　　　　　(　)

   ① 별로 마음에 들지 않아 대충.

   ② 있는 정성을 다하여.

(2) 이 세제를 사용하면 <u>찌든</u> 때도 금방 빠져요.　　　　　(　)

   ① 색깔이 진한.

   ② 오래되어 몹시 더러워진.

(3) 나는 일곱 살 때 한글을 <u>깨쳤다</u>.　　　　　　　　　　(　)

   ① 깨달아 알았다.

   ② 처음 배웠다.

(4) 비행기가 갑자기 하늘로 <u>솟구쳤다</u>.　　　　　　　　　(　)

   ① 아래에서 위로 세차게 솟아올랐다.

   ② 올라갔다 내려갔다 되풀이하였다.

(5) 선생님의 말씀을 듣고 화가 난 마음이 <u>봄눈 녹듯</u> 풀렸다.　　(　)

   ① 무엇이 빨리 사라져 없어지는 모양을 비유적으로 나타낸 말.

   ② 시간이 오래 지나 자연스럽게 수그러드는 모양을 비유적으로 나타낸 말.

(6) <u>별것</u>도 아닌 일로 나를 불렀니?　　　　　　　　　　(　)

   ① 특별히 중요한 것.

   ② 특별히 위험한 것.

6 흉내 내는 말

빈칸에 흉내 내는 말을 알맞게 찾아 쓰세요.

(1) 형은 소달구지에 짐을 싣고 ☐☐☐☐ 언덕을 넘어갔다.

  * 크고 단단한 물건이 자꾸 부딪쳐 울리는 소리.

(2) 여행을 가자는 어머니 말씀에 내 마음이 ☐☐☐☐ 울렁였다.

  * 마음이 계속 들떠서 움직이는 모양.

(3) 세종이 얼마나 많이 읽었는지 책이 ☐☐☐☐ 해어졌다.

  * 여러 가닥이 어지럽게 늘어져 자꾸 흔들리는 모양.

(4) 바람이 부니 논에 서 있는 벼가 ☐☐☐☐ 춤을 추었다.

  * 물결이나 늘어진 천, 나뭇잎 등이 부드럽고 느릿하게 구부러져 움직이는 모양.

(5) 동생이 작은 손으로 양말을 ☐☐☐☐ 빨고 있다.

  * 작은 손놀림으로 자꾸 주물러 만지작거리는 모양.

보기   너덜너덜   들썩들썩   너울너울
        조물조물   덜컹덜컹

7 고조선

다음은 고조선에 대한 설명입니다. 빈칸에 알맞은 낱말을 쓰세요.

(1) 고조선은 처 도 기 시대에 세워졌다.

* 청동(구리와 주석을 섞어 만든 금속)으로 만든 그릇이나 기구.

(2) 고조선은 다른 부족을 저 보 하면서 세력을 넓혀 갔다.

* 무력으로 남의 나라에 쳐들어가 복종시키는 것.

(3) 고조선 때에는 북한 미송리에서 발견된 미송리식 토 기 를 사용하였다.

* 옛날에 흙으로 만들어 쓰던 그릇.

(4) 고조선 시기에는 ㄱ ㅇ 돌 형식으로 무덤을 만들기도 했다.

* 큰 돌 몇 개를 둘러 세우고 그 위에 넓적한 돌을 덮어 놓은 옛날 무덤.

(5) 고조선 때에 남에게 사 ㅎ 를 입힌 사람은 곡식으로 갚아야 했다.

* 남의 몸에 상처를 내어 해를 끼치는 것.

(6) 남의 물건을 훔친 사람은 데려다 ㄴ ㅂ 로 삼았다.

* 옛날에 남의 집에서 심부름과 천한 일을 하던 사람.

8 바르게 쓰기

잘못 쓴 낱말에 밑줄을 긋고 바르게 고쳐 쓰세요.

(1) 동생은 블록으로 집을 짓고 부시고 또 지으며 놀고 있다.

_____

(2) 어머니를 도와드리려고 설겆이를 처음 해 보았다.

_____

(3) 아버지께서 후라이팬에 기름을 두르고 감자를 볶으셨다.

_____

(4) 어머니께서 걸레로 바닥을 박박 닥으셨다.

_____

(5) 어머니께서 음식을 하시는지 부엌에서 맛있는 냄새가 풍겨 온다.

_____

(6) 다친 다리가 다 낳으면 축구를 하고 싶다.

_____

(7) 찬우가 그러는데, 요즘은 입는 비행 장치를 착용하면 하늘을 날 수도 있데.

_____

9 띄어쓰기

 괄호 안의 띄어쓰기 횟수를 참고하여, 띄어야 할 부분에 ∨ 표를 하세요.

(1)

내가열일곱살때야. (3)

(2)

네열두번째생일을진심으로축하해. (5)

(3)

아무도안볼테니까여기에서노는건어때? (7)

(4)

지난번그림대회에서상을못받아서무척서운했어. (7)

(5)

어머니의말씀을들으니내마음이봄눈녹듯풀렸다. (7)

(6)

어머니는한숨을한번쉬시고는얼굴에웃음을띠고말씀하셨다. (8)

(7)

온세상이너더러날수없다고말해도날고싶다면날개를펼쳐라. (10)

제 2 과 지식이나 경험을 활용해요

1 줄다리기

줄다리기와 관계있는 낱말입니다. 다음 그림과 설명을 보고 빈칸에 알맞은 낱말을 쓰세요.

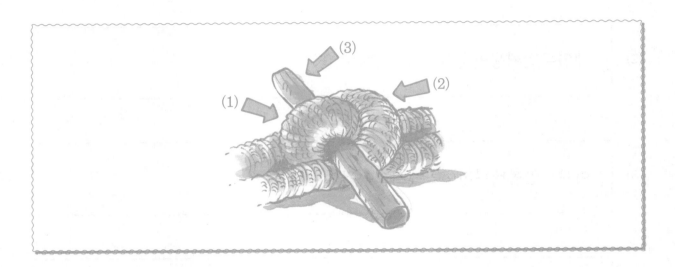

(1) 줄다리기에서, 수컷을 상징하는 줄.

ㅅ　ㅈ

(2) 줄다리기에서, 암컷을 상징하는 줄.

아　ㅈ

(3) 줄다리기에서, 암수를 상징하는 두 줄을 합칠 때 벗겨지지 않게 끼우는 나무.

ㅂ　ㄴ　목

(4) 승부를 가리기 위해 힘으로 다투는 일.

ㅎ　겨　ㄹ　기

2 석빙고

 다음은 석빙고에 대한 설명입니다. 빈칸에 알맞은 낱말을 쓰세요.

(1) 석빙고는 얼음을 보관하는 | 내 | 도 | 창고다.

　* 생선이나 고기 등을 신선하게 보관하기 위해 얼리는 것.

(2) 신라 시대에 | 비 | 고 | 저 | 이라는 곳에서 얼음을 관리했다니 대단하다.

　* 신라 시대에, 얼음 창고에 관한 일을 맡아보던 기관.

(3) 우리나라는 옛날부터 | 자 | 비 | 기술이 크게 발달하였다.

　* 한겨울의 얼음을 창고로 옮겨 저장하는 것.

(4) | 비 | 시 | 은 공기가 잘 통하게 만들어야 한다.

　* 얼음 창고 안에, 얼음을 저장하여 두는 방.

(5) 얼음 녹은 물이 밖으로 잘 흘러 나가도록 | ㅂ | ㅅ | 로 | 를 파 놓았다.

　* 물이 빠져나갈 수 있도록 만든 길.

(6) 얼음을 싸서 | 다 | 여 | 효과를 높였다.

　* 물체와 물체 사이, 물체와 외부 사이에서 열을 주고받지 못하게 막는 것.

3 무슨 낱말일까요?

설명을 읽고, 빈칸에 알맞은 낱말을 넣어 문장을 완성하세요.

(1) 줄다리기야말로 누구든 같이 즐길 수 있는 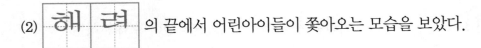 놀이다.

　　* 여러 세력이 한 덩어리로 크게 뭉침.

(2) 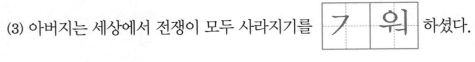 의 끝에서 어린아이들이 쫓아오는 모습을 보았다.

　　* 여럿이 줄지어 가는 줄.

(3) 아버지는 세상에서 전쟁이 모두 사라지기를  하셨다.

　　* 기대하고 바라는 것.

(4) 어머니는 동생의 젖병을  하여 소독하셨다.

　　* 어떤 물체에 열을 가하여 뜨겁게 하는 것.

(5) 저 물체와 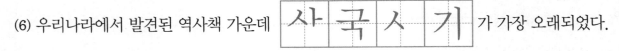 한 사람은 모두 병에 걸렸다.

　　* 무엇이 다른 것에 닿는 것.

(6) 우리나라에서 발견된 역사책 가운데 사 국 사 기 가 가장 오래되었다.

　　* 고려 시대에 김부식이 펴낸 역사책. 신라, 고구려, 백제의 역사를 적었다.

(7) 석빙고를 밖에서 보면 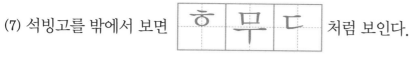 처럼 보인다.

    * 흙으로 쌓아 올린 무덤.

(8) 물은 자연이  하는 모습을 가장 잘 보여 준다.

    * 무엇이 일정한 간격을 두고 되풀이하는 것.

(9) 이번 현장 체험학습을 통해 내  를 다시 생각하였다.

    * 앞으로 나아갈 길.

(10) 생각 없이 걷다 보니  이 수현이네 집에 닿아 있었다.

    * 걸어서 나아갈 때의 발.

(11) 현주를 좋아하지만 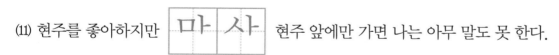 현주 앞에만 가면 나는 아무 말도 못 한다.

    * 어떤 일에 부닥쳐서 실지로.

(12) 내가 가 본 곳 가운데 친구들이 좋아할 만한 곳을 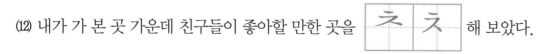 해 보았다.

    * 어떤 조건에 알맞은 대상을 책임지고 소개하는 것.

(13) 이번 박물관 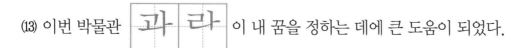 이 내 꿈을 정하는 데에 큰 도움이 되었다.

    * 연극, 영화, 운동 경기, 미술품 등을 구경하는 것.

4 비슷한말, 반대말

밑줄 친 말의 비슷한말이나 반대말을 빈칸에 쓰세요.

(1)
이 도자기는 아주 중요한 유형 문화재다.

영산 줄다리기는 반 ㅁ 형 | 문 ㅎ ㅈ 다.

(2)
네 손을 잡으니 온기가 느껴진다.

문틈으로 반 ㄴ 기 가 새어 들어왔다.

(3)
무엇을 안에서 밖으로 내보내는 것을 '배출'이라고 한다.

얼음은 물이 될 때 주변의 열을 반 ㅎ ㅅ 한다.

(4)
일정한 가격으로 사람의 힘이나 물건을 사려는 행위를 '수요'라고 한다.

필요한 물품을 마련해 주는 일을 '반 ㄱ ㄱ '이라고 한다.

(5)
규칙으로 무엇을 정하는 것을 '규제'라고 한다.

옛날에는 얼음이 귀했기 때문에 사용량을 비 규 저 해 놓았었다.

(6)
옛날에도 얼음을 보관하여 여름까지 썼다니 대단하다.

겨울에 얼음을 비 ㅈ 자 해 두었다가 필요할 때 꺼내어 썼다.

5 '제쳐'와 '젖혀'

다음 뜻을 보고, 괄호 안에 알맞은 낱말을 쓰세요.

제쳐	:일을 미루어.
젖혀	:뒤로 기울여.

(1) 오빠는 고개를 뒤로 (   ) 하늘을 올려다보았다.

(2) 갑자기 들리는 함성에 사람들은 하던 일을 (   ) 두고 모두 밖으로 뛰어나갔다.

겨누었다	:활이나 총을 쏠 때 목표물을 향해 방향과 거리를 잡았다.
겨루었다	:승부를 가리기 위해 맞서 싸웠다.

(3) 이순신 장군은 왜적에게 활을 (   ).

(4) 축구 경기 결승전에서 우리나라와 일본이 승부를 (   ).

무더위	:습하고 온도도 높아 찌는 듯 견디기 어려운 더위.
불볕더위	:햇볕이 몹시 뜨겁게 내리쬘 때의 더위.

(5) 여름 한낮에는 (   )를 피해 그늘에서 쉬어야 해.

(6) 비까지 부슬부슬 내리니 (   )에 잠을 이루기 힘들다.

6 농촌

농촌과 관계있는 낱말입니다. 설명을 읽고 빈칸에 알맞은 낱말을 쓰세요.

(1) 줄다리기를 하려고 사람들이 모여 |지| 으로 줄을 만들었다.

* 벼의 낟알을 떨어내고 남은 줄기.

(2) 가을걷이가 끝나면 |노|ㅇ|대| 가 흥겹게 연주한다.

* 풍물놀이(우리나라만의 농촌 음악)를 하는 사람들의 무리.

(3) 농부들의 가장 큰 소망은 |ㅍ|년| 이다.

* 농사가 잘되어 곡식을 많이 거두어들인 해.

(4) 농촌에서는 |이|ㅅ| 이 모자라 고민이다.

* 일을 하는 사람.

(5) 할아버지는 |와|ㄱ| 를 끓여서 소에게 먹이로 주셨다.

* 벼의 겉껍질.

(6) 이번에 연구소에서 병과 해충에 강한 |조|ㅈ| 를 만들었다.

* 식물의 씨앗.

7 언제일까요?

때를 나타내는 낱말입니다. 설명을 읽고 빈칸에 알맞은 낱말을 쓰세요.

(1) 우리 마을에서는 매년 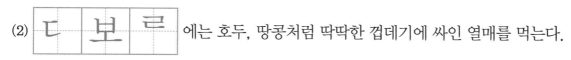 에 사람들이 모여 윷놀이와 줄다리기를 한다.

    * 음력으로 한 해의 첫째 달.

(2) 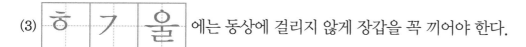 에는 호두, 땅콩처럼 딱딱한 껍데기에 싸인 열매를 먹는다.

    * 음력 첫 달의 보름날.

(3) 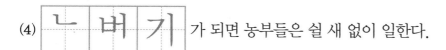 에는 동상에 걸리지 않게 장갑을 꼭 끼어야 한다.

    * 가장 추울 때의 겨울.

(4) 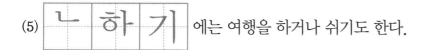 가 되면 농부들은 쉴 새 없이 일한다.

    * 농사일이 매우 바쁜 때.

(5)  에는 여행을 하거나 쉬기도 한다.

    * 농사일이 바쁘지 않아 여유가 많은 때.

(6) 고려 시대에는 매년 6월부터  까지 왕이 신하들에게 얼음을 나누어 주었다.

    * 이때부터 가을이 시작된다고 하는 절기. 양력으로는 8월 8 ~ 9일쯤이다.

8 건축

 건축과 관계있는 낱말입니다. 설명을 읽고 빈칸에 알맞은 낱말을 쓰세요.

(1) 이 건물의 가장 아래층은 | 반 | ㅈ | ㅎ | 로 되어 있다.

* 절반쯤이 땅 아래에 있는 공간.

(2) 이번 지진으로 우리 집의 | 다 | 이 쓰러졌다.

* 집이나 일정한 공간을 둘러막기 위해 흙, 돌, 벽돌 등으로 쌓아 올린 것.

(3) 거인이 우리 집에 놀러 온다면 머리가 | ㅊ | ㅈ | 에 닿겠지?

* 지붕의 안쪽. 집 안의 위쪽 면.

(4) 기둥에 걸쳐 있는 | 자 | 대 | 서 | 에는 밖으로 통하는 구멍이 있었다.

* 계단을 쌓거나 터를 높이 쌓아 올리는 데에 쓰는, 네모지고 길게 만든 돌.

(5) 석빙고의 바깥쪽은 진흙으로, 안쪽은 | ㅎ | 가 | 암 | 으로 만들었다.

* 흰색이나 엷은 회색을 띠며, 단단하고 아름다워서 건축용으로 많이 쓰이는 돌.

(6) 경비원은 건물의 | 추 | 이 | 구 | 를 단단히 막고 있었다.

* 어디에 나가거나 들어갈 때 거치는 문이나 장소.

9 과학 실험

과학 실험과 관계있는 낱말입니다. 설명을 읽고 빈칸에 알맞은 낱말을 쓰세요.

(1) 나무 그늘의 흙과 햇빛이 비치는 곳 흙의 온도를 [츠 | 저] 해 보았다.

    * 수량, 크기, 길이 등을 기계나 장치로 재는 것.

(2) 뜨거운 국에 숟가락을 담그면 손잡이까지 뜨거워지는 것은 [저 | ㄷ] 때문이다.

    * 열이나 전기가 물체 속을 이동하는 현상.

(3) 난로를 켜면 [ㄷ | 류] 가 일어나 집 안 전체가 따뜻해진다.

    * 기체나 액체가 직접 이동하여 열이 전달되는 현상.

(4) 태양열 발전은 태양이 [보 | 사] 하는 열에너지로 전기를 만드는 방식이다.

    * 열이나 빛이 한곳에서 사방으로 뻗어 나가는 현상.

(5) 따뜻한 물이 담긴 [ㅂ | ㅋ] 에 차가운 물이 담긴 캔을 넣어 보았다.

    * 액체를 따르는 입이 있는, 원통 모양의 실험용 유리그릇.

(6) [알 | 코 | 올 | ㄹ | ㅍ] 는 불을 다루는 장치니 사용할 때 매우 조심해야 한다.

    * 알코올을 연료로 하는 가열 장치.

10 현장 체험학습

다음 글의 빈칸에 들어갈 낱말을 쓰세요.

어제는 한글박물관으로 현장 체험학습을 다녀왔다. 선생님은 박물관에 들어
가기에 앞서 (1) [   ] 할 때의 주의사항을 알려 주셨다.
우리는 먼저 (2) [   ] 전시실 위의 특별 전시실로 향했다. 그곳에서
는 (3) [   ] 기념 특별전이 이루어졌는데, 세종 대왕의 (4) [   ] 과
(5) [   ] , 그 당시의 유물 들을 살펴볼 수 있었다.
책에서만 보던 것들을 직접 보고 느낄 수 있어서 즐거웠다.

(1) 실제로 가서 보고 배우는 것. 　ㄱ 하

(2) 언제든지 이용할 수 있도록 시설을 갖추어 둔 것. 　사 서

(3) 도서관, 박물관 등을 처음으로 문을 여는 것. 　ㄱ 과

(4) 어떤 일이나 연구로 세운 대단한 결과. 　어 저

(5) 어떤 사람의 일생을 적은 기록. 　이 ㄷ 기

11 무슨 뜻일까요?

밑줄 친 낱말의 알맞은 뜻을 찾아 번호를 쓰세요.

(1) 그런 곳에 <u>걸터앉으면</u> 위험해.　　　　　　　　　　　　（　　）

　　① 삐딱하게 앉으면.

　　② 등은 기대지 않은 채 엉덩이만 얹고 앉으면.

(2) 톱날이 <u>마모되어서</u> 톱질이 되지 않았다.　　　　　　　　（　　）

　　① 부러져서.

　　② 닳아 없어져서.

(3) 할머니는 긴 머리를 돌돌 말아 그 가운데에 비녀를 <u>지르셨다</u>.　　（　　）

　　① 꽂으셨다.

　　② 묶으셨다.

(4) 일제 강점기 시절, 일본은 우리의 문화재를 <u>수탈했다</u>.　　（　　）

　　① 강제로 빼앗았다.

　　② 연구를 하려고 찾아서 모았다.

(5) 석빙고 지붕 위에는 잔디를 심어 태양열을 <u>차단하였다</u>.　　（　　）

　　① 막았다.

　　② 빨아들였다.

(6) 그들은 돈으로 사람들을 <u>포섭했다</u>.　　　　　　　　　　（　　）

　　① 남을 꾀어서 나쁜 일을 시켰다.

　　② 남을 자기편으로 끌어들였다.

12 낱말 뜻풀이

빈칸에 알맞은 말을 넣어서 밑줄 친 낱말의 뜻을 풀이해 보세요.

(1) 저 큰 바위를 장정 네 명이 번쩍 들어 옮겼다.

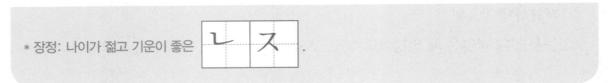

* 장정: 나이가 젊고 기운이 좋은 ㄴ ㅈ .

(2) 이것은 열을 받으면 변색하는 특수 종이야.

* 변색: ㅅ ㄲ 이 변하여 달라지는 것.

(3) 냉장고는 냉기나 얼음을 인공적으로 만드는 기계 장치다.

* 인공적: ㅅ ㄹ 의 힘으로 만든 것.

(4) 옛날에는 이 지역에서 나는 쌀을 왕에게 진상했었다.

* 진상: 귀한 물건이나 특산물을 ㅇ ㄱ 이나 지위가 높은 사람에게 바치는 것.

(5) 오늘은 할아버지의 제사가 있는 날이다.

* 제사: 음식을 차려 놓고 신이나 죽은 ㅈ ㅅ 에게 절하는 의식.

(6) 우리는 이정표를 보고 박물관을 찾아갔다.

* 이정표: 어느 곳까지의 거리와 ㅂ ㅎ 을 알려 주는 표시판.

13 십자말풀이

가로 열쇠와 세로 열쇠를 잘 읽고, 빈칸을 채우세요.

	(1)	공	(2)		
(3)			(4)	(5)	
		(6) 오		레	
	(7)			(8)	(9)
		(10)	(11)		
			(12)		

가로 열쇠

(1) 사람을 태우거나 물건을 싣고 하늘을 날 수 있는 탈것. 예 비행기, 헬리콥터

(3) 사실을 잘못 알거나 잘못 이해함.

(4) 한반도에서 가장 높은 산.

(7) 예술 작품을 만드는 것. 예 소설 ○○

(8) 손뼉을 마주 치는 것.

(10) 학교에서 학생들이 똑같이 입게 만든 옷.

(12) 동물을 먹이고 기르는 일을 직업으로 하는 사람.

세로 열쇠

(1) 배를 타고 바다 위를 다니는 것.

(2) 씩씩하고 힘찬 정신. 예 ○○이 넘치다.

(3) 공기, 물 들이 더러워지는 것.
예 환경 ○○

(5) 우물물을 퍼 올릴 때에 쓰는 기구.

(6) 견우와 직녀를 만나게 하려고 까마귀와 까치가 은하수에 놓는 다리.

(9) 아픈 동물을 치료하는 사람.

(11) 사진이나 문서 등을 기계로 찍어 원래의 것과 똑같이 만드는 것.

제 3 과 의견을 조정하며 토의해요

1 세계 기구

어떤 목적을 위해 많은 사람이나 국가가 모여 만든 조직을 '기구'라고 합니다. 다음 빈칸에 알맞은 낱말을 찾아 넣어, 세계 기구의 이름을 완성하세요.

(1) 세계 각 나라의 노동 조건을 개선하고 노동자의 지위를 향상하기 위해 만든 기구.

국제 ☐☐ 기구

(2) 나라 사이에 물건을 자유롭게 사고팔아 경제 발전을 이루기 위해 만든 기구.

세계 ☐☐ 기구

(3) 여행을 통해 국가 사이의 경제와 사회문화 관계를 발전시키려고 만든 기구.

세계 ☐☐ 기구

(4) 세계 인류를 신체적, 정신적으로 최고의 건강 수준에 이르게 하려고 만든 기구.

세계 ☐☐ 기구

보기   무역   보건   관광   노동

2 우리나라

다음 설명을 읽고 우리나라의 옛 나라들의 이름을 쓰세요.

(1) 우리나라 최초의 국가. 기원전 2333년 무렵에 단군 왕검이 세웠다.

(2) 기원전 57년에 박혁거세가 세운 나라. 가야, 백제, 고구려를 멸망시키고 통일 왕국을 건설하였다.

(3) 고주몽이 기원전 37년에 세운 나라. 668년에 신라에게 멸망하였다.

(4) 삼국 시대에, 한반도 서남부에 있던 나라. 기원전 18년에 온조왕이 위례성에 세웠다.

(5) 기원 후 42년에 경상도 남부 지역에서 세운 여섯 나라를 통틀어 이르는 말. 후에 모두 신라에 합쳐졌다.

(6) 698년에 고구려의 장수였던 대조영이 고구려의 백성을 거느리고 세운 나라.

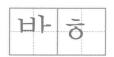

(7) 918년에 왕건이 개성을 중심으로 세운 나라. 1392년에 이성계에 의해 멸망하였다.

3 무슨 낱말일까요?

설명을 읽고, 빈칸에 알맞은 말을 넣어 문장을 완성하세요.

(1) 봄에는 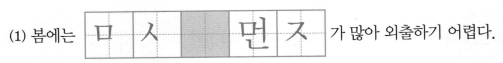 가 많아 외출하기 어렵다.

     * 눈에 보이지 않을 정도로 작은 먼지.

(2) 이 전구는 전기를 많이 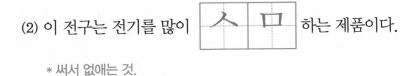 하는 제품이다.

     * 써서 없애는 것.

(3) 의견이 좁혀지기는커녕 회의를 통해 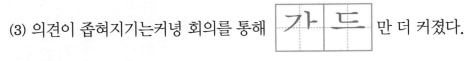 만 더 커졌다.

     * 서로의 생각이 달라 생기는 충돌.

(4) 저는 정현이의 의견에 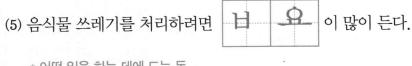 합니다.

     * 남과 의견이 같거나 찬성하는 것.

(5) 음식물 쓰레기를 처리하려면 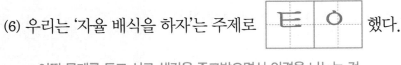 이 많이 든다.

     * 어떤 일을 하는 데에 드는 돈.

(6) 우리는 '자율 배식을 하자'는 주제로 했다.

     * 어떤 문제를 두고 서로 생각을 주고받으면서 의견을 나누는 것.

(7) 요즘은 공기 청정기가  이 되었다.

* 꼭 있어야 하는 물건.

(8) 표, , 사진 같은 자료를 넣어 의견을 뒷받침하는 것이 좋다.

* 여러 자료를 분석하여 그림으로 나타낸 표.

(9)  시간을 활용하는 방법을 생각해 보자.

* 작은 틈 사이.

(10) 글을 다 쓴 뒤에는 틀린 점이 없는지 반드시 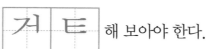 해 보아야 한다.

* 어떤 글이나 의견의 내용을 자세히 따져 보는 것.

(11) 밖에서 노는 시간이 줄어들면서 아동  이 늘고 있다.

* 살이 쪄서 몸이 뚱뚱한 상태.

(12) 세계 여러 나라의 기온이 오르고 있다. 한국도 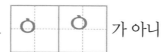 가 아니다.

* 보통의 흔한 예에서 벗어난 것.

(13) 그들은 지진이 다시 일어날지도 모른다는  을 안고 살았다.

* 마음이 편하지 않고 조마조마한 느낌.

4 동형어

글자의 모양이나 소리는 같지만 뜻이 다른 낱말이 있습니다. 빈칸에 공통으로 들어갈 낱말을 쓰세요.

(1) ㅈ ㅈ

① 오늘은 먼지가 많으니 외출을 (   )하시기 바랍니다.

* 감정이나 욕망을 스스로 막는 것.

② (   )는 모두 몇 명이나 되십니까?

* 남을 높여 그 사람의 자식을 이르는 말.

(2) ㅂ ㅊ

① 네 행동은 아까 네가 한 말과 (   )된다.

* 서로 반대가 되어 어긋남.

② 자료를 글 가운데에 보기 쉽게 (   )해야 한다.

* 일정한 자리에 알맞게 나누어 둠.

(3) ㄱ ㅅ

① 오늘 밤에 별똥별이 떨어진다는 것을 (   )로 읽었다.

* 신문이나 잡지 등에서, 어떤 사실을 알리는 글.

② 버스 (   ) 아저씨께서 친절하게 인사해 주셨다.

* 직업으로 자동차를 운전하는 사람.

(4)   어

① 그런 옷을 입으면 어디를 가든 눈에 (   ).

* 두드러지게 드러나.

② '없을 텐데'는 꼭 (   ) 써야 한다.

* 간격을 벌어지게 해.

5 의견을 조정하는 절차

의견을 조정하는 절차입니다. 빈칸에 알맞은 낱말을 쓰세요.

(1) 의견을 조정하면 문제를 [하 ㄹ 적]으로 해결할 수 있다.

* 이치에 맞는 것.

(2) 해결하려는 문제를 [표 아] 한다.

* 어떤 대상의 내용이나 성질을 충분히 이해하여 확실하게 아는 것.

(3) 문제 상황에 대한 의견을 듣고, 의견을 실천할 [ㅈ 거]을 따진다.

* 어떤 일을 이루기 위해 갖추어야 하는 것.

(4) 의견대로 실천했을 때 일어날 문제점을 [ㅇ ㅊ] 해 본다.

* 앞으로 일어날 일을 미리 짐작하는 것.

(5) 추측 결과에 대한 [바 으]을 살펴본다.

* 어떤 자극에 대해 일어나는 현상.

(6) [겨 저] 한 의견을 발표하고 실천 계획을 생각해 보는 것이 좋다.

* 어떤 일에 대한 태도나 방향을 분명하게 정함.

6 식용

食 用
먹다 (식) 쓰다 (용)

사람이 먹는 데에 쓰는 것.

예) 이 닭은 식용으로 키우고 있다.

다음 설명을 읽고 '쓰다 용(用)'이 들어간 낱말을 쓰세요.

(1) 이 풀은 ┃ㅇ┃ ┃ 으로 많이 키운다.

* 약으로 쓰는 것.

(2) 이건 음식 ┃ㅈ┃자┃ ┃ 얼음이다.

* 물건을 모아서 보관하는 데에 쓰는 것.

(3) ┃의┃ㄹ┃ ┃ 침대에는 한쪽을 올려 환자를 앉히는 기능이 있다.

* 병을 치료하는 데에 쓰는 것.

(4) 이건 ┃ㄱ┃이┃ ┃ 컴퓨터야. 누구든 함부로 만지면 안 돼.

* 한 사람 한 사람이 각자 쓰는 것.

(5) 환경을 위해 ┃이┃ㅎ┃ ┃ 물건은 사용하지 않는 게 좋겠다.

* 한 번만 쓰고 버리는 것.

7 -문

다음 글자가 들어간 낱말을 빈칸에 알맞게 쓰세요.

(1) **-문(文)** : '글'의 뜻.

① 은지는 자신의 의견을 뒷받침할 _____ 을 찾아보았다.

* 어떤 상황이나 사건을 객관적으로 널리 알리는 글. 예 신문 기사

② 누나는 책을 읽고 나면 항상 독서 _____ 을 쓴다.

* 무엇을 보고 느낀 바를 쓴 글.

보	ㄷ	

가	사	

(2) **-자(者)** : '사람'의 뜻.

① 나는 이번 회의의 _____ 가 되었다.

* 어떤 모임을 진행하는 사람.

② 드디어 경찰 아저씨께서 _____ 를 잡으셨다.

* 죄를 저지른 사람.

ㅅ	ㅎ	

ㅂ	ㅈ	

(3) **-사(社)** : '회사'의 뜻.

① 자료를 정리하고 나서 그 책의 글쓴이와 _____ 를 적었다.

* 그림이나 책을 인쇄하여 파는 회사.

② 우리 아버지는 _____ 에서 일하신다.

* 신문을 만들어 파는 회사.

추	파	

ㅅ	ㅁ	

(4) **-증(症)** : '병의 증세'의 뜻.

① 어머니께서 요즘 _____ 치료를 받고 계신다.

* 즐겁지 않으며, 답답하고 근심스러운 증세.

② 게임을 너무 많이 하면 _____ 에 걸릴 수 있다.

* 밤에 잠을 이루지 못하는 증세.

우	우	

부	며	

8 비슷한말, 반대말

밑줄 친 낱말의 비슷한말이나 반대말을 빈칸에 쓰세요.

(1)
이건 몸에 이로운 음식이니 많이 먹으렴.

이건 몸에 **반** 해 로 운 물건이니 절대 만지지 말아라.

(2)
요즘 부부들이 아이를 적게 낳으면서 인구가 감소하고 있다.

휴대 전화 판매량은 해마다 **반** 증 가 하고 있다.

(3)
앞으로 일이 잘 이루어질 것 같은 상황을 '청신호'라고 비유적으로 나타낸다.

갑자기 식욕이 사라지는 것은 건강의 **반** 적 신 호 다.

(4)
홍수로 재해를 당한 지역에 대한 대책이 필요하다.

장마를 슬기롭게 대처할 **비** 방 안 이 필요하다.

(5)
선생님은 내 글을 읽으시고는 날카롭게 비평을 하셨다.

다른 사람 의견에 **비** 비 판 하지만 말고 네 의견을 말해 봐.

(6)
우리나라의 경제는 40년 전과는 비교도 할 수 없을 만큼 발전했다.

책을 많이 읽더니 글쓰기 실력이 많이 **비** 향 상 되었구나!

9 무슨 뜻일까요?

밑줄 친 낱말의 알맞은 뜻을 찾아 번호를 쓰세요.

(1) 고양이 때문에 쥐들은 한시도 편히 쉬지 못하였다.　　　　　(　)

　① 한 시간.

　② 매우 짧은 시간.

(2) 점점 심해지는 황사 문제에 어떻게 대처해야 할까요?　　　　(　)

　① 괴로움을 참고 견뎌야.

　② 어려운 일을 이겨 내기 위에 알맞게 행동해야.

(3) 어떤 자료를 글에 실어야 할지 선택하기 곤란하다.　　　　　(　)

　① 어렵다.

　② 쉽다.

(4) 상세한 자료가 현수의 주장을 뒷받침하고 있다.　　　　　　(　)

　① 그림으로 나타낸.

　② 작은 부분까지 구체적이고 자세한.

(5) 미국 대통령은 노벨 평화상 후보로 우리나라 대통령을 꼽았다.　(　)

　① 투표했다.

　② 꼭 집어서 선택했다.

(6) 언니는 4학년 때부터 회장에 도전했지만 번번이 떨어지고 있다.　(　)

　① 그때마다 전부.

　② 매우 아깝게.

10 바르게 쓰기

잘못 쓴 낱말에 밑줄을 긋고 바르게 고쳐 쓰세요.

(1) 먼지가 이렇게 많은데 그깟 전기가 중요합니까?

_____

(2) 음식물 쓰래기가 너무 많이 발생하고 있다.

_____

(3) 상대방의 의견 및 근거가 타당한지 생각하며 듣는다.

_____

(4) 우리가 변화를 이끄러 낼 수 있는 문제를 토의 주제로 정해야 한다.

_____

(5) 1미터는 1000미리미터다.

_____

(6) 100센치미터가 1미터다.

_____

(7) 1키로미터는 1000미터다.

_____

11 십자말풀이

가로 열쇠와 세로 열쇠를 잘 읽고, 빈칸을 채우세요.

(1)	(2)		(3)		(4)
	(5)	(6)			만
		통		(7)	
⒀		(8)	(9)		
⑿	⑾				
	⑽				

가로 열쇠

(1) 영화관에서 관객에게 영화를 보여 주는 것. 예 만화 영화 ○○

(3) 피해를 본 사람. 반 가해자

(5) 상을 덮는 보자기.

(7) 옳고 그름, 좋고 나쁨을 구별하는 마음.

(8) 물난리나 큰불 같은 재해를 입은 사람.

⑽ 학비를 벌어가며 힘들게 공부하는 학생.

⑿ 아직 다 자라지 않은 벌레. 비 애벌레

세로 열쇠

(2) 화면에 나타나는 모습. 예 그 영화는 ○○이 멋지다.

(4) 스스로 대단하다고 여겨 잘난척하는 마음.

(6) 보자기에 싼 물건 뭉치. 비 보따리

(7) 착한 백성. 비 선민

(9) 학교에 다니고 있는 학생.

⑾ 남에게 잘못을 고치도록 타이르는 말.

⒀ 여럿이 함께 갖거나 나누어 쓰는 것. 예 정보를 ○○하다.

제 **4** 과　 **겪은 일을 써요**

1 문장 성분

문장을 구성하는 요소를 '문장 성분'이라고 합니다. 문장 성분에는 주어, 서술어, 목적어 등이 있습니다.

주어 : 설명하는 행위의 주체가 되는 말. '누가 / 무엇이'에 해당하는 부분.

서술어 : 주어의 대상, 움직임, 상태 등을 풀이해 주는 말.
'무엇이다 / 어찌하다 / 어떠하다'에 해당하는 부분.

목적어 : 서술어의 동작 대상이 되는 말. '무엇을 / 누구를'에 해당하는 부분.

예) 태희가　 거울을　 본다.
　　(주어)　 (목적어) (서술어)

* 주체: 서술어의 동작이나 상태를 나타내는 대상.

밑줄 친 서술어가 '무엇이다'에 해당하면 ㉮, '어찌하다' 에 해당하면 ㉯, '어떠하다' 에 해당하면 ㉰를 쓰세요.

(1) ① 오늘은 날씨가 <u>따뜻하다</u>. 　　　　　　　　　　　　　　(　)

② 이곳이 우리 <u>학교다</u>. 　　　　　　　　　　　　　　　　(　)

③ 동생이 빵을 <u>먹는다</u>. 　　　　　　　　　　　　　　　　(　)

④ 달이 무척 <u>밝다</u>. 　　　　　　　　　　　　　　　　　　(　)

⑤ 나는 텔레비전을 <u>보았다</u>. 　　　　　　　　　　　　　　(　)

2 호응

한 문장의 앞뒤가 잘 맞거나 잘 어울리는 것을 '호응'이라고 합니다.

1. 주어와 서술어가 어울리게 씁니다.

예) 바람과 눈이 분다. (×) → 바람이   불고   눈이   내린다. (○)
　　　　　　　　　　　　　 (주어1) (서술어1) (주어2) (서술어2)

🐱 **다음 문장을 자연스럽게 고쳐 쓰세요.**

(1) 토끼와 나비가 뛰어다닌다.

_____

(2) 동생이 노래와 춤을 추었다.

_____

2. 문장 속의 시간에 맞추어 서술어를 씁니다.

예) 나는 어제 딸기를 먹는다. (×) → 나는 어제 딸기를 먹었다. (○)

🐱 **색칠된 낱말을 보고, 문장이 자연스러워지도록 밑줄 친 부분을 고쳐 쓰세요.**

(3) 우리 가족은 지금 저녁밥을 먹었다.

☐

(4) 나는 어제 친구들과 축구를 하겠다.

☐

3. 문장 안에 높임의 대상이 있으면 서술어를 잘 맞추어 씁니다.

예) 삼촌께서 노래를 부른다.(×) ⇒ 삼촌께서 노래를 부르신다.(○)

밑줄 친 부분을 보고, 문장을 자연스럽게 고쳐 쓰세요.

(5) 할아버지께서 밥을 먹는다.

_____

(6) 나는 할머니께 선물을 주었다.

_____

4. 꾸미는 말과 꾸밈을 받는 말을 잘 어울리게 씁니다.

예) 저는 결코 거짓말을 했어요.(×) ⇒ 저는 결코 거짓말을 하지 않았어요.(○)

색칠된 낱말을 보고, 문장이 자연스러워지도록 밑줄 친 부분을 고쳐 쓰세요.

(7) 주영이는 초콜릿을 별로 좋아한다.

_____

(8) 그 이야기는 전혀 들어 보았다.

_____

(9) 이 음식은 도저히 먹을 수 있다.

_____

3 비슷한말

(1)
우리 가족은 지난여름 <u>바닷가</u>로 여행을 다녀왔다.

언니와 나는 | 해 | 변 | 에서 조개껍데기를 주웠다.

(2)
감기에 걸린 <u>이유</u>는 찬 바람을 맞았기 때문이다.

수연이가 결석한 | 까 | 닭 | 을 너는 알고 있니?

(3)
<u>반복</u>해서 말하지만, 내일은 절대 지각하면 안 된다.

관우는 어려운 동작은 | 되 | 풀 | 이 | 해 가며 연습했다.

(4)
편지를 쓸 때 <u>서두</u>에는 인사말을 쓴다.

선주는 독후감 | 그 | 머 | 리 | 에 책을 읽게 된 동기를 썼다.

(5)
정은이는 <u>언제나</u> 웃는 얼굴로 친절하게 말한다.

지영이는 | 항 | 상 | 밤 열 시에 잠을 잔다.

(6)
라희는 다 쓴 글을 읽어 보며 틀린 글자를 <u>고쳤다</u>.

준용이는 주어와 어울리도록 서술어를 | 수 | 정 | 했 | 다 |.

4 무슨 낱말일까요?

설명을 읽고, 빈칸에 알맞은 낱말을 넣어 문장을 완성하세요.

(1) 어머니는 | 아 | ㅂ | 에서 뜨개질을 하고 계셨다.

    * 집에 딸린 방 중에서 중심이 되거나 어른이 계시는 곳.

(2) 효연이는 뺑덕어멈 연기를 | 시 | 가 | 나게 잘했다.

    * 실제로 체험하는 느낌.

(3) 태우는 자동차에 | 과 | ㅅ | 이 많다.

    * 어떤 것에 끌리는 마음.

(4) | ㅎ | ㄱ | 보호는 지구에 사는 모든 생명을 살리는 일이다.

    * 사람이나 생물이 살아가는 데 영향을 끼치는 자연 상태나 조건.

(5) 소영이는 저녁을 먹고 나서 어머니와 | 사 | 채 | 을 나갔다.

    * 휴식을 취하거나 건강을 위해서 천천히 걷는 일.

(6) | ㄷ | 저 | 을 해야 실패든 성공이든 할 수 있다.

    * 어렵고 힘든 일에 용감하게 뛰어드는 것.

(7) 황소개구리는 생태계를 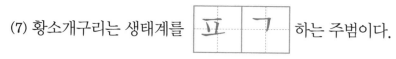 하는 주범이다.

  * 조직이나 질서, 관계 따위를 무너뜨리는 것.

(8) 목표를 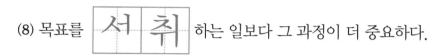 하는 일보다 그 과정이 더 중요하다.

  * 바라던 일을 이루는 것.

(9) 너는 '가는 말이 고와야 오는 말이 곱다'는 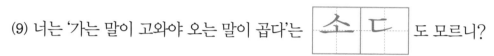 도 모르니?

  * 옛날부터 전해 내려오는 지혜가 담긴 짧은 말.

(10) 영상 40도가 넘었으니 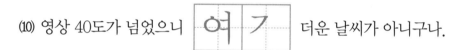 더운 날씨가 아니구나.

  * 어지간하게. 또는 웬만한 정도로.

(11) 조심해! 바닥에 유리  이 떨어져 있어.

  * 물건에서 떨어져 나온 부분.

(12) 체조를 할 테니, 두 팔  으로 벌려 서세요.

  * 사람이나 사물 사이의 거리.

(13) 얼음이 어는 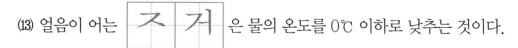 은 물의 온도를 0℃ 이하로 낮추는 것이다.

  * 어떤 일을 이루기 전에 갖추어야 하는 것.

5 낱말 뜻풀이

🐾 **빈칸에 알맞은 말을 넣어서 밑줄 친 낱말의 뜻을 풀이하세요.**

(1) 할아버지의 호령에 민준이는 가슴이 철렁 내려앉았다.

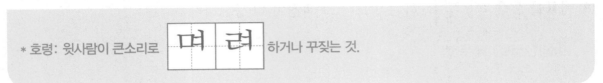

* 호령: 윗사람이 큰소리로 **며 려** 하거나 꾸짖는 것.

(2) 종호는 '뿌린 대로 거둔다'는 격언을 가슴 깊이 새겼다.

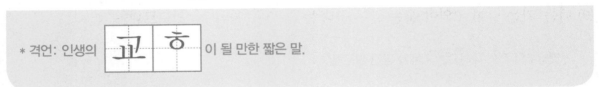

* 격언: 인생의 **교 훈** 이 될 만한 짧은 말.

(3) 내일은 반 대항 축구 대회가 열리는 날이다.

* 대항: 서로 **겨 룸** .

(4) 청이가 인당수에 빠지지 않았다면 이야기가 어떻게 전개되었을까?

* 전개: 이야기를 **펴 ㅊ** 나가는 것.

(5) 우리 반의 학급 규칙은 모두 다섯 항목으로 되어 있다.

* 항목: 내용을 하나하나 **ㄴ ㄴ 어** 놓은 것.

(6) 과학 시간에 구름의 생성 원리에 대해 배웠다.

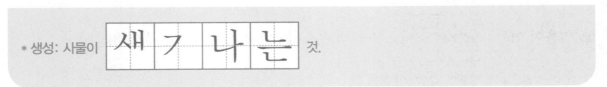

* 생성: 사물이 **새 ㄱ 나 는** 것.

6 무슨 뜻일까요?

밑줄 친 낱말의 알맞은 뜻을 찾아 번호를 쓰세요.

(1) 나는 동생이 또 덤빌까 봐 동생의 손을 잡고 놓지 않았다.   (   )

① 피하여 달아날까.

② 함부로 대들거나 싸움을 걸까.

(2) 이 이야기의 주제를 간결하게 정리해 보아라.   (   )

① 말이나 글이 짧고 깔끔하게.

② 뚜렷하고 분명하게.

(3) 이 그림에는 가족을 사랑하는 작가의 마음이 반영되어 있다.   (   )

① 어떤 사실이나 내용을 다른 것에 나타내는 것.

② 겉으로 드러내지 않고 속에 간직하는 것.

(4) 나는 유주에게 태권도를 배워 보라고 권했다.   (   )

① 어떤 것을 해 달라고 빌었다.

② 어떤 일을 하라고 부추겼다.

(5) 부모님께서 항상 누나 편만 드는 것 같아 서러웠다.   (   )

① 마음이 답답하고 슬펐다.

② 화가 나고 짜증이 났다.

(6) 이순신 장군은 명량 해협에서 일본군을 상대로 큰 승리를 거뒀다.   (   )

① 육지 사이에 끼여 있는 넓은 바다.

② 육지 사이에 끼여 있는 좁고 긴 바다.

7 단어

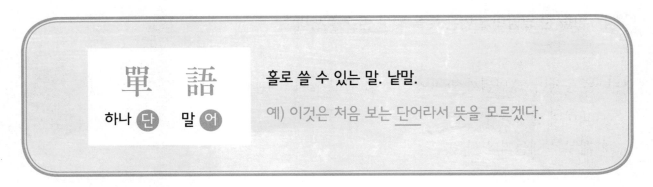

單 語
하나 단 · 말 어

홀로 쓸 수 있는 말. 낱말.

예) 이것은 처음 보는 <u>단어</u>라서 뜻을 모르겠다.

설명을 읽고, '말 어(語)'가 들어간 낱말을 쓰세요.

(1) '야옹', '우당탕', '쨍그랑' 등은 | ㅇ | ㅅ | 어 | 다.

* 사람이나 사물의 소리를 흉내 낸 말.

(2) '살금살금', '번쩍번쩍', '훨훨' 등은 | ㅇ | ㅌ | 어 | 다.

* 사람이나 사물의 모양이나 움직임을 흉내 낸 말.

(3) '헤드'의 | 고 | ㅇ | 어 | 는 '머리'다.

* 그 나라나 민족이 본디부터 사용하여 온 말. 여기서는 본래 우리나라 말.

(4) '텔레비전', '컴퓨터', '오렌지' 등은 | ㅇ | ㄹ | 어 | 다.

* 외국어가 들어와서 우리말처럼 쓰이는 말.

(5) '자장면'과 '짜장면'은 둘 다 | ㅍ | ㅈ | 어 | 다.

* 한 나라에서 기준이 되게 정한 말.

8 컴퓨터로 글을 써요

 빈칸에 알맞은 낱말을 넣어 문장을 완성하세요.

(1) 인터넷에서 다른 사람이 쓴 글을 함부로 | 보 | ㅅ | 하면 안 된다.

* 사진이나 문서를 기계로 찍어 본래의 것과 똑같이 만드는 것.

(2) 지아는 컴퓨터에 | ㅈ | 자 | 해 놓은 독후감 파일을 열어 보았다.

* 컴퓨터에 처리된 결과를 기록해 두어 그 내용을 보존하는 일.

(3) 혜성이는 친구들이 쓴 글을 컴퓨터로 | 펴 | ㅈ | 했다.

* 여러 자료를 모아서 다듬거나 엮는 것.

(4) 아버지께서 거실에 앉아 | 저 | ㅈ | | 을 읽고 계셨다.

* 종이 대신 컴퓨터로 볼 수 있게 만든 책.

(5) 내가 누리집에 올릴 시의 | 그 | 가 | 은 '어머니'다.

* 글을 쓰는 데 필요한 재료.

(6) 수영이는 글을 어떻게 쓸지 내용을 | 조 | ㅅ | 해 보았다.

* 짜임새 있게 틀을 만드는 것.

9 '-율'과 '-률'

'-율'과 '-률'은 어떤 낱말 뒤에 붙어 '비율'이라는 뜻을 나타냅니다.

-율	: 앞말에 받침이 없거나, 앞말의 받침이 'ㄴ'일 경우에 씁니다.

예) 비율, 백분율

-률	: 앞말의 받침이 'ㄴ'을 제외한 모든 경우에 씁니다.

예) 수익률, 법률

빈칸에 '율'이나 '률'을 넣어 문장을 완성하세요.

(1) 이 적금은 | 이 | 자 | | 이 높다.

(2) 우리나라와 일본의 축구 경기에서 우리나라가 이길 | 확 | | 이 높다.

(3) 그 드라마는 | 시 | 청 | | 이 높다.

(4) 올해는 지난해보다 신입생 | 입 | 학 | | 이 늘었다.

(5) 행사 기간에는 | 할 | 인 | | 이 50%나 된다.

(6) 우리나라는 세계에서 | 문 | 맹 | | 이 낮은 나라에 속한다.

* 문맹 : 글을 읽거나 쓸 줄 모름.

10 바르게 쓰기

다음 문장에서 틀린 낱말에 밑줄을 긋고 바르게 고쳐 쓰세요.

(1) 아저씨는 가마에서 달궈진 쇠덩어리를 꺼내셨다.

_____

(2) 왜 이렇게 늦었니? 윤정이가 한창 기다리다 갔단다.

_____

(3) 윤수가 초콜릿을 들고 나에게 쭈뼛쭈뼛 다가왔다.

_____

(4) 하늘에서 물을 바가지로 퍼붇는 듯이 비가 내렸다.

_____

(5) 견학을 다녀와서 느낀 점을 원고지 열 장 불량으로 쓰세요.

_____

(6) 오늘은 등교한 차래대로 짝을 지어 앉았다.

_____

(7) 동생이 잘못했는데 내가 야단마자서 무척 속상했다.

_____

11 십자말풀이

🐱 가로 열쇠와 세로 열쇠를 잘 읽고, 빈칸을 채우세요.

		(1)			(2) 양
(3)	더			(4)	
		(5)	(6)		
(7)	(8)		닫		
			(9)	기	(10)
	(11)				

가로 열쇠

(3) 한데 수북이 쌓이거나 뭉쳐 있는 더미.

(4) 끼니 사이에 간단히 먹는 음식.

(5) 꼬리가 아홉 개 달린 여우.

(7) 나무에 이름을 새겨서 종이에 찍는 물건.

(9) 자기 자신의 이익만을 위하는 마음.

(11) 한옥에서 안방과 건넌방 사이에 있는 넓은 마루. 비 ○○마루

세로 열쇠

(1) 농사짓는 데에 쓰이는 기계나 도구.

(2) 사람이 살아가기 위하여 필요한 먹을거리.

(3) 사람이 살지 않는 섬.

(4) 아픈 사람을 보살피는 일.

(6) 창이나 문을 옆으로 밀어서 여닫는 것.

(8) 장독을 놓아두려고 뜰 안에 조금 높게 만든 곳.

(10) 마음속에 품고 있는 생각이나 감정. 예 솔직한 ○○을 말해 봐.

함께 연극을 즐겨요

연극

 보라와 친구들이 연극에 대해 이야기 나누고 있습니다. 빈칸에 알맞은 낱말을 쓰세요.

보라: 어제 어머니와 연극을 보고 왔어. 정말 재미있었어. 우리도 친구들끼리 연극

을 해 보면 어떨까? 그런데 연극을 하려면 무엇을 준비해야 하지?

나은: 우선 인물의 말과 행동이 적혀 있는 (1) 극□ 이 필요해.

정우: 그리고 그것으로 연기할 (2) ㅂ □ㅇ 도 있어야지.

세정: 연기자들이 공연을 올릴 수 있는 (3) □ㅁ □ㄷ 도 마련해야 해.

태현: 또 연극을 봐 줄 (4) ㄱ □객 이 있어야 해. 보는 사람이 없으면 흥이 나

지 않을 것 같아.

보라: 우리 같이 연극해 보자. 모두 아는 '백설공주'는 어때? 백설공주 역은 내가 맡

을게. 난 공주의 (5) 감 저 을 잘 살려서 연기할 수 있어. 공주 느낌

아니까!

정우: 그럼, 우리는 일곱 난쟁이 시켜서 다 부려먹으려고? 난 안 한다!

보라: 정우야, 그러지 말고 같이 하자. 너는 특별히 첫 번째 난쟁이 시켜 줄게. 응?

2 연극을 즐겨요

연극과 관계있는 낱말입니다. 빈칸에 알맞은 낱말을 쓰세요.

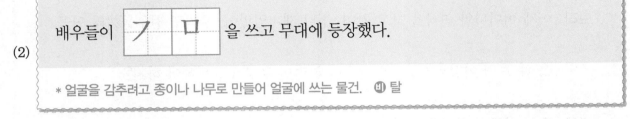

(1) 무대에 불이 켜지자 공 [   ] 이 시작되었다.

　* 연극, 음악, 무용 같은 것을 사람들 앞에서 해 보이는 것.

(2) 배우들이 ㄱ ㅁ 을 쓰고 무대에 등장했다.

　* 얼굴을 감추려고 종이나 나무로 만들어 얼굴에 쓰는 물건. ❺ 탈

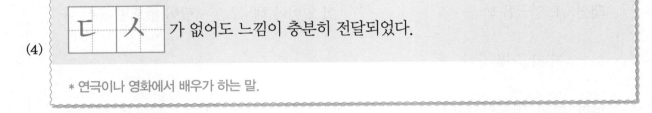

(3) 등장인물들은 감정이나 생각을 ㅁ ㅈ 으로 표현했다.

　* 어떤 뜻을 나타내는 몸의 움직임.

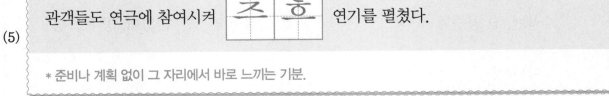

(4) ㄷ ㅅ 가 없어도 느낌이 충분히 전달되었다.

　* 연극이나 영화에서 배우가 하는 말.

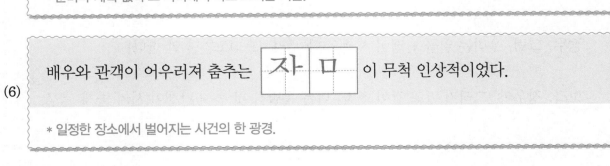

(5) 관객들도 연극에 참여시켜 ㅈ ㅎ 연기를 펼쳤다.

　* 준비나 계획 없이 그 자리에서 바로 느끼는 기분.

(6) 배우와 관객이 어우러져 춤추는 자 ㅁ 이 무척 인상적이었다.

　* 일정한 장소에서 벌어지는 사건의 한 광경.

3 무슨 낱말일까요?

빈칸에 알맞은 낱말을 넣어 문장을 완성하세요.

(1) 형은 | ㅂ | ㅍ | 이 넓어서 성큼성큼 걷는다.

　　* 걸음을 걸을 때 앞발 뒤축에서 뒷발 뒤축까지의 거리.

(2) 이웃 간의 다툼으로 | 재 | ㅍ | 까지 가서야 되겠니?

　　* 법원에서 사건을 법률에 따라 판단하는 일.

(3) 용준이는 선생님의 | ㄱ | 려 | 에 다시 한번 도전하기로 마음먹었다.

　　* 말이나 행동으로 힘과 용기를 북돋아 주는 것.

(4) 농부는 커다란 무를 | ㅇ | 님 | 께 바치고 송아지 한 마리를 받았다.

　　* 조선 시대에 고을을 맡아 다스리던 사람을 높여 이르는 말.

(5) 태우는 약속 시간이 지나도 오지 않는 지우를 | ㅁ | 냐 | 기다렸다.

　　* 언제까지나 줄곧.

(6) 산으로 둘러싸인 시골길은 | ㅇ | ㄴ | 함 | 을 느끼게 한다.

　　* 조용하고 편안함.

4 '장수'와 '장사'

설명을 읽고 알맞은 낱말을 빈칸에 쓰세요.

장수	: 장사를 하는 사람.
장사	: 힘이 아주 센 사람.

(1) 비단 ☐☐ 가 잠든 사이에 비단이 사라졌다.

(2) 호동이는 힘이 어찌나 좋은지 당해 낼 ☐☐ 가 없다.

장승	: 돌이나 나무 따위에 사람 얼굴 모양을 새겨 세운 것.
정승	: 조선 시대의 관직. 영의정, 좌의정, 우의정을 통틀어 이르는 말.

(3) 그는 ☐☐ 에 오른 후 임금을 도와 나랏일을 했다.

(4) 사람들은 ☐☐ 이 마을을 보호해 준다고 믿었다.

여위고	: 몸의 살이 빠져서 핼쑥하고.
여의고	: 부모가 죽어서 이별하고.

(5) 민주는 일찍이 부모를 ☐☐☐ 할머니와 함께 산다.

(6) 태수는 감기를 앓아서 그런지 몸이 ☐☐☐ 얼굴이 창백해 보였다.

5 농사

농사와 관계있는 낱말입니다. 그림에 알맞은 이름을 골라 쓰세요.

(1)

벼
볏단

(2)

(3)

낟알
낟가리

(4)

(5)

호미
쟁기

(6)

6 바르게 쓰기

다음 문장에서 틀린 낱말에 밑줄을 긋고 바르게 고쳐 쓰세요.

(1) 발표를 하려니 머릿속이 까메져서 아무 생각도 나지 않았다.

_____

(2) 귀찮다고 오늘 할 일을 내일로 미루면 안 된다.

_____

(3) 재훈이는 너무 당황해서 얼굴이 노라케 되었다.

_____

(4) 은수는 자전거를 타다 넘어져서 하마트면 크게 다칠 뻔했다.

_____

(5) 전학 간 은주를 오랫만에 만나니 정말 반가웠다.

_____

(6) 해찬이는 친구들에게 속마음을 들어내지 않았다.

_____

(7) 나는 형이 낸 수수께끼를 모두 알아맞췄다.

_____

7 십자말풀이

가로 열쇠와 세로 열쇠를 잘 읽고, 빈칸을 채우세요.

	(1)			(9) 정	
(2)					
		(8)	나		(7)
(3)	(4)				
		(6)	삵		
	(5)	수			

가로 열쇠

(1) 가축에게 주는 먹이. 예 개 ○○

(2) 연속해서 자꾸. 비 연신

　예 문주는 ○○ 고개를 끄덕였다.

(3) 밤 열두 시. 반 정오

(5) 재물이 계속 나오는 보물단지.

(6) 마을의 좁은 골목길.

(8) 영화를 만들기 위해 쓴 대본.

(9) 음력으로 일 년 가운데 첫째 달.

세로 열쇠

(1) 여러 곳. 예 종이가 ○○으로 흩어졌다.

(2) 나이가 많은 사람. 반 연소자

(4) 과일이나 꽃병처럼 움직이지 않는 물체를
놓고 그린 그림.

(6) 오래된 무덤.

　예 이 금관은 신라의 ○○에서 출토됐다.

(7) 숲에 난 좁고 조용한 길.

(9) 머리 꼭대기 부분.

제 5 과 여러 가지 매체 자료

1 매체 자료

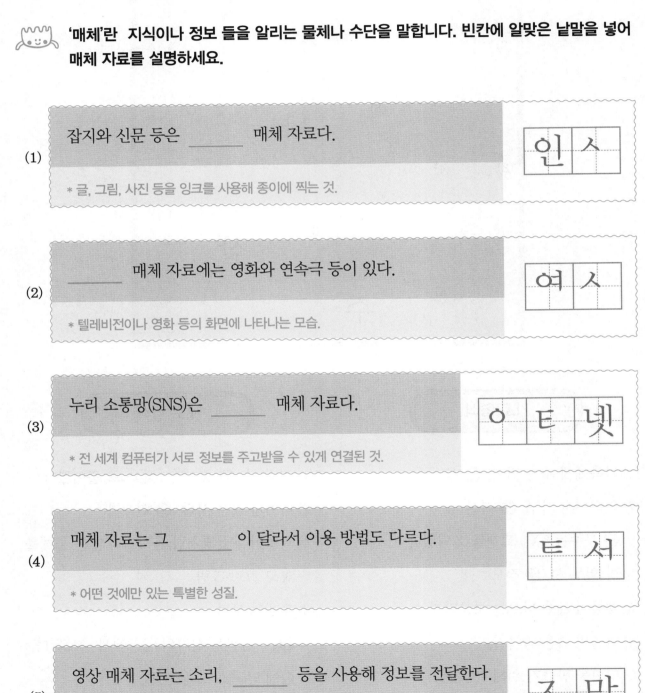

'매체'란 지식이나 정보 들을 알리는 물체나 수단을 말합니다. 빈칸에 알맞은 낱말을 넣어 매체 자료를 설명하세요.

(1) 잡지와 신문 등은 _____ 매체 자료다.

* 글, 그림, 사진 등을 잉크를 사용해 종이에 찍는 것.

인 ㅅ

(2) _____ 매체 자료에는 영화와 연속극 등이 있다.

* 텔레비전이나 영화 등의 화면에 나타나는 모습.

여 ㅅ

(3) 누리 소통망(SNS)은 _____ 매체 자료다.

* 전 세계 컴퓨터가 서로 정보를 주고받을 수 있게 연결된 것.

ㅇ ㅌ 넷

(4) 매체 자료는 그 _____ 이 달라서 이용 방법도 다르다.

* 어떤 것에만 있는 특별한 성질.

ㅌ 서

(5) 영상 매체 자료는 소리, _____ 등을 사용해 정보를 전달한다.

* 영화나 텔레비전 화면에 대사, 설명 들을 나타낸 글자.

ㅈ 마

2 인터넷

 인터넷과 관계있는 문장입니다. 빈칸에 알맞은 낱말을 쓰세요.

(1) 찬우는 인터넷으로 김득신에 대한 정보를 [ㅌ | ㅅㅐ] 해 보았다.

    * 감추어진 사실을 찾아내거나 밝히려고 자세히 살피는 것.

(2) 미라는 누리집에 '흑설공주'라는 [ㄱㅖ | ㅈ] 으로 글을 올렸다.

    * 인터넷 서비스를 이용하기 위해 만드는 사용자 아이디.

(3) 인터넷 기사에 수십 개의 [ㄷ | ㄱ] 이 달렸다.

    * 인터넷에 올린 글에 대하여 짧게 답하여 올리는 글.

(4) 서영이는 [ㅊ | ㅅㅣ] 에 바르고 고운 말을 쓰자고 적어 전자 우편을 보냈다.

    * 사연을 다 쓰고 난 뒤에 덧붙이는 말.

(5) 인터넷 자료를 이용할 때는 반드시 [ㅊ | ㅊㅓ] 를 밝혀야 한다.

    * 사물이나 말 등이 처음 생겨난 곳.

(6) 인터넷은 ' [ㅈㅓ | ㅂ] 의 바다'라고 불린다.

    * 사물이나 어떤 상황에 대한 소식이나 자료.

3 무슨 낱말일까요?

설명을 읽고, 빈칸에 알맞은 낱말을 넣어 문장을 완성하세요.

(1) 요리사인 삼촌은 음식에 대한 | ㅈ | ㅂ | 심 | 이 강하시다.

    * 자신의 가치나 능력을 믿고 당당히 여기는 마음.

(2) 그 경찰관은 | ㄴ | 무 | 을 받은 사실이 밝혀져 감옥에 갇혔다.

    * 자기 이익을 챙기기 위해 남한테 잘 봐 달라고 건네는 돈이나 물건.

(3) 인터넷에 남의 | ㅅ | 새 | 활 | 을 퍼뜨리는 건 나쁜 짓이다.

    * 개인적인 일상생활.

(4) | ㅈ | ㄲ | 부리지 말고 사실대로 말해 봐!

    * 별로 깊이 생각하지 않고 내는, 속이 들여다보이는 꾀.

(5) 형사는 범인을 | 다 | 바 | 에 알아보았다.

    * 그 자리에서 바로.

(6) 준하는 신문 기사를 | 차 | ㅈ | 하여 글을 썼다.

    * 참고로 비교하고 대조하여 보는 것.

(7) 나는 희진이가 중기를 좋아하는 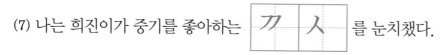 를 눈치챘다.

     * 어떤 일이 벌어지고 있는 느낌이나 분위기.

(8) 우리는 행복에 대한  이 다르다.

     * 무엇에 대해 판단할 때, 그 사람이 가진 생각이나 기준.

(9) 웃어른을 만나면 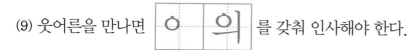 를 갖춰 인사해야 한다.

     * 사람 사이의 관계에서 예절로써 나타내는 말투나 몸가짐.

(10) 인터넷에 다른 사람의  정보를 함부로 올려서는 안 된다.

     * 이름, 사는 곳, 생년월일 들처럼 그 사람이 누구인지 알려 주는 것.

(11) 내가 꽃병을 깨뜨렸다는  를 대 봐.

     * 어떤 사실을 증명할 수 있는 근거.

(12) 우리 팀은 수비에 치중하다 후반에  으로 골을 넣었다.

     * 상대에게 공격을 당하다가 틈을 엿보아 맞받아서 하는 공격.

(13) 윤지는 자신의  을 밝히는 글을 게시판에 올렸다.

     * 현재의 상황이나 형편.　🔵 처지

4 비슷한말, 반대말

밑줄 친 낱말의 비슷한말이나 반대말을 빈칸에 쓰세요.

(1)
소율이는 참을성이 강한 게 장점이다.

소율이는 말이 너무 많은 게 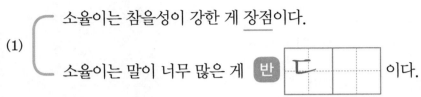 이다.

(2)
나쁜 내용의 인터넷 댓글을 악플이라고 한다.

좋은 내용의 인터넷 댓글을 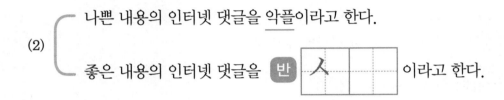 이라고 한다.

(3)
나는 현주의 말을 듣고 충재의 행동을 이해할 수 있었다.

준수와 근영이는 대화를 통해 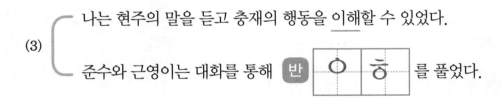 를 풀었다.

(4)
에디슨은 만 번의 실패 끝에 전구를 발명했다.

포기하지 않는 사람만이 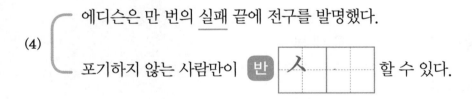 할 수 있다.

(5)
내가 가진 2만 원에 동생이 가진 1만 원을 더해 부모님께 드릴 선물을 샀다.

나는 어머니께서 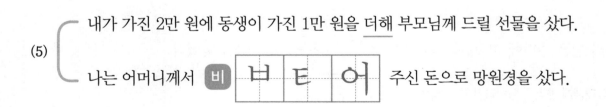 주신 돈으로 망원경을 샀다.

(6)
의사 선생님은 딱한 사정을 듣고 봄이를 무료로 수술해 주셨다.

효리는 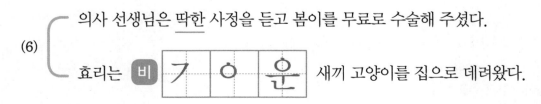 새끼 고양이를 집으로 데려왔다.

5 꾸미는 말

😊 **설명에 알맞은 낱말을 찾아 쓰고, 그 낱말을 이용해서 문장을 완성하세요.**

(1) 아무 말 없이 가만히. _____

(2) 아주 몹시. _____

(3) 여간하여서는. _____

(4) 전과 같이. _____

보기　　여전히　　좀처럼　　된통　　잠자코

---

(5) 진경이는 [　　　　　] 화를 내지 않는다.

(6) 수현이는 [　　　　　] 어머니의 말씀에 귀를 기울였다.

(7) 날이 밝았는데도 [　　　　　] 눈발이 흩날리고 있었다.

(8) 태지는 거짓말을 했다가 아버지께 [　　　　　] 꾸중을 들었다.

6 무슨 뜻일까요?

밑줄 친 말의 알맞은 뜻을 찾아 번호를 쓰세요.

(1) 그렇게 <u>얼토당토않은</u> 말을 누가 믿겠니? (   )

   ① 사실과 다른.

   ② 이치에 맞지 않은.

(2) 학교 옥상에 외계인이 산다는 <u>터무니없는</u> 소문이 퍼졌다. (   )

   ① 확실한 근거가 없이 엉뚱한.

   ② 생각이 놀라울 만큼 재치 있고 뛰어난.

(3) 이제는 우리가 <u>반격</u>에 나설 차례다. (   )

   ① 뒤로 물러나는 것.

   ② 상대의 공격을 맞받아 공격하는 것.

(4) 민정이는 <u>숨을 죽인 채</u> 인터넷 카페에 올라온 글들을 읽고 또 읽었다. (   )

   ① 숨을 멈춘 채.

   ② 숨소리가 들리지 않을 정도로 조용히.

(5) 과장 광고는 소비자를 <u>우롱하는</u> 일이다. (   )

   ① 재미있게 만드는.

   ② 바보로 여겨 비웃고 놀리는.

(6) 은영이는 <u>교묘한</u> 말로 우리를 속이려 했다. (   )

   ① 남을 속이거나 꾀는 재주가 뛰어난.

   ② 억지로 꾸며 낸 듯 어색한.

7 –하다

 '–하다'가 붙어서 만들어진 낱말을 빈칸에 알맞게 쓰세요.

(1) 그림을 다시 그리기에는 시간이 너무 | ㅊ | 바 | 하 | 다 |.

* 아주 가까이 닥쳐와서 급하다.

(2) 흥부는 욕심쟁이 형 놀부를 | ㄷ | 두 | 했 | 다 |.

* 편을 들거나 잘못을 감싸 주었다.

(3) 나는 세영이의 주장에 | 바 | 바 | 했 | 다 |.

* 반대하여 주장을 폈다.

(4) 사람들은 이순신 장군을 | ㅁ | 하 | 했 | 다 |.

* 나쁜 꾀로 남을 어려운 처지에 빠지게 했다.

(5) 마을에 도둑이 들자 사람들은 서로를 | ㅇ | 시 | 했 | 다 |.

* 확실히 알 수 없어서 믿지 못했다.

(6) 국회의원 후보자들은 상대방을 | ㅂ | 바 | 했 | 다 |.

* 헐뜯고 비난하여 말했다.

8 재직

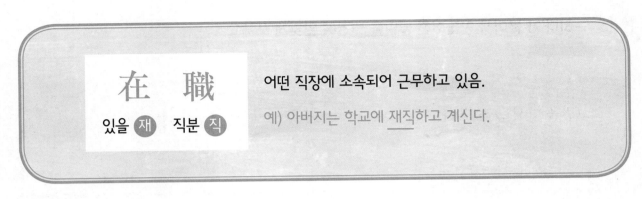

在 職
있을 재   직분 직

어떤 직장에 소속되어 근무하고 있음.

예) 아버지는 학교에 재직하고 계신다.

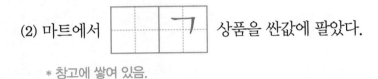 설명을 읽고 '있을 재(在)'가 들어가는 낱말을 쓰세요.

(1) 외국에 사는 우리나라 사람을 [　|　ㅇ] 동포라고 한다.

　　* 외국에 있음.

(2) 마트에서 [　|　ㄱ] 상품을 싼값에 팔았다.

　　* 창고에 쌓여 있음.

(3) 우리나라 대통령의 [　|　이] 기간은 5년이다.

　　* 어떤 지위에 올라서 일하고 있음.

(4) 이모는 [　|　ㅁ] 한국인과 결혼하셨다.

　　* 미국에 살고 있음.

(5) 조선 시대에 [　|　ㅇ] 기간이 가장 긴 임금은 영조다.

　　* 임금 자리에 있음.

9 동형어

다음 글을 읽고, 밑줄 친 곳에 공통으로 들어갈 낱말을 빈칸에 쓰세요.

(1)

ㅈ	ㅎ

① 어머니께서 컴퓨터로 통장 잔액을 _____ 해 보셨다.
* 관계 기관에 어떤 사실을 알아보는 것.

② _____ 때, 담임 선생님께서 전학생을 소개해 주셨다.
* 학교나 관청 등에서 아침에 모든 구성원이 한자리에 모이는 일.

(2)

ㅅ	ㄱ

① 동화는 아이들의 _____ 에서 쓴 이야기다.
* 사물을 보거나 생각하는 태도.

② 우리는 _____ 을 통해 사물을 본다.
* 눈으로 보고 느끼는 감각.

(3)

이	ㄹ

① 너는 내가 _____ 준 대로만 하면 돼.
* 남에게 어떻게 하라고 말해.

② 아직 포기하기에는 _____.
* 어떤 때나 정도가 기준보다 빨라.

(4)

ㅂ	ㅅ

① 집이 낡아 _____ 공사를 했다.
* 낡거나 부서진 데를 고치는 것.

② 그 일은 _____ 는 많지만 너무 힘들다.
* 일한 값으로 받는 돈.

10 어울리는 말

왼쪽의 문장과 오른쪽의 풀이를 바르게 짝지으세요.

(1) 꼬리에 꼬리를 물다 •   • 믿지 않고 이상하게 생각하다.

(2) 꼬리를 내리다 •   • 자주 다니다가 한동안 가지 않다.

(3) 눈을 의심하다 •   • 약점이 잡히다.

(4) 손이 맵다 •   • 계속 이어지다.

(5) 발이 뜸하다 •   • 상대에게 기세가 꺾여 물러서거나 움츠러들다.

(6) 코가 꿰이다 •   • 일하는 것이 빈틈없고 야무지다.

11 사람

다음 설명에 맞는 사람을 쓰세요.

(1) 옛날에 '의사'를 이르던 말.

(2) 같은 나라 또는 같은 민족 사람.

(3) 경찰은 아니지만 범인을 찾아내거나 어떤 비밀을 알아 내는 사람.

(4) 문학 작품이나 그림, 조각 따위의 예술품을 창작하는 일을 하는 사람.

(5) 병들거나 다쳐서 치료를 받아야 할 사람.

(6) 총이나 도구를 가지고 산이나 들에서 짐승을 잡는 일을 하는 사람.
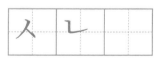

(7) 나라의 독립을 이루려고 활동하는 사람.

독립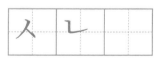

12 띄어쓰기

 괄호 안의 띄어쓰기 횟수만큼 띄어야 할 부분에 ∨표 하세요.

(1) 그가누구인지알것같다.(4)

(2) 남의사생활을퍼뜨리는건나쁜짓이다.(5)

(3) 서영이가이제모든걸다알았구나.(5)

(4) 찬혁이는수현이에대해서잘알고있는듯하다.(6)

(5) 자기생각을당당하게밝힐줄아는주미가부러웠다.(7)

(6) 둘중한사람은우릴속이고있는거네?(7)

(7) 전학온해찬이는성격이좋아금세친구들과잘어울렸다.(8)

제 6 과 타당성을 생각하며 토론해요

1 토론

토론과 관련된 낱말입니다. 빈칸에 알맞은 낱말을 쓰세요.

(1) 토론은 어떤 문제에 대해 여러 사람과 _____ 하는 것이다.

    * 어떤 문제에 대해 서로 의견을 주고받는 것.

ㅇ	ㄴ

(2) '학급 임원은 반드시 필요하다'는 _____ 로 토론을 시작했다.

    * 토론에서 중심이 되는 문제.

ㅈ	ㅈ

(3) 사회자는 찬성 편에 먼저 _____ 할 기회를 주었다.

    * 여러 사람 앞에서 의견을 말하는 것.

바	어

(4) 성현이는 _____ 를 들어 자신의 주장을 펼쳤다.

    * 의견이 나오게 된 까닭.

ㄱ	ㄱ

(5) 우리는 _____ 를 통해 학급 임원을 뽑지 않기로 결정했다.

    * 여럿이 모여 의논하는 것.

ㅎ	ㅇ

2 무슨 낱말일까요?

설명을 읽고, 빈칸에 알맞은 낱말을 넣어 문장을 완성하세요.

(1) 학교 앞에 다소 카메라가 설치되었다.

    * 법이나 규칙을 어기지 않게 통제하는 것.

(2) 고모는 비행기 조종사의 꿈을 시ㅎ 하려고 비행 학교에 들어갔다.

    * 하고자 하는 것을 이루는 것.

(3) 초등학생 사이에서 팽이치기 여푸 이 불고 있다.

    * 매우 거세게 사회를 휩쓸고 지나가는 현상.

(4) 이어달리기의 대ㅅ 가 청군 쪽으로 기울었다.

    * 일이 진행되어 가는 큰 흐름.

(5) 나와 세정이는 자매라고 할 만큼 치부 이 두텁다.

    * 아주 가깝고 친하게 지내면서 만든 정.

(6) 예지는 오 남매 중 맏이로, 동생들을 책임져야 한다는 ㅂ다 을 느꼈다.

    * 어떠한 의무나 책임을 짐.

(7) 서희는 장래 희망에 관한 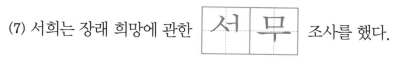 조사를 했다.

    * 어떤 것을 알아보려고 여러 사람한테 묻는 일.

(8) 나는 중학교 진학 문제로 선생님께 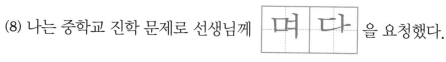 을 요청했다.

    * 서로 만나서 이야기를 나누는 것.

(9) 내 의견을 반대한다면  을 제시해 봐라.

    * 이미 세운 계획이나 방법을 대신할 만한 더 좋은 것.

(10) 라이트 형제는 공기보다 무거운 물체도 날 수 있다는 것을 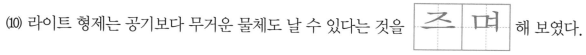 해 보였다.

    * 증거를 들어서 사실인지 아닌지 밝히는 것.

(11) 재우는 남한과 북한의 언어를 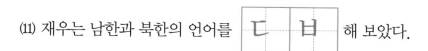 해 보았다.

    * 두 가지의 차이를 밝히기 위해 서로 맞대어 비교하는 것.

(12) 코페르니쿠스는 태양이 지구 주위를 돈다는 천동설에 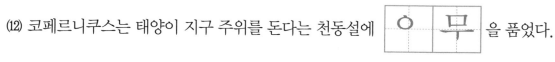 을 품었다.

    * 의심스럽게 생각하여 가지는 물음.

(13) 삼촌은 미술  로 활동하신다.

    * 특정한 학문 분야에서 어떤 대상에 대한 질이나 가치를 비평하는 사람.

3 반대말

뜻풀이에 해당하는 낱말을 빈칸에 쓰고, 반대말을 찾아 연결하세요.

(1) 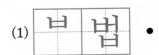 •
* 법에 어긋나는 것.

(2) 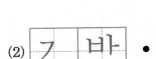 •
* 자유롭게 드나들게 열어 놓는 것.

(3) 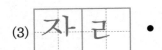 •
* 앞으로 다가올 날.

(4) 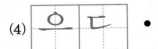 •
* 부름이나 물음에 답하는 것.

(5)  •
* 그렇다고 인정하지 않음.

(6)  •
* 일이나 모임에 참가하는 것.

(7) 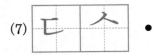 •
* 많은 수.

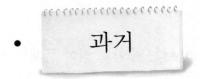 과거

• 질문

• 폐쇄

• 합법

• 불참

• 소수

• 긍정

4 동형어

다음 글을 읽고, 밑줄 친 곳에 공통으로 들어갈 낱말을 빈칸에 쓰세요.

(1)

| ㅅ | ㅈ |

① _____ 은 시민들이 행복하게 살도록 여러 일을 한다.
  * 시의 행정을 맡아보는 우두머리.

② 아버지는 _____ 에서 과일 장사를 하신다.
  * 사람들이 모여 물건을 사고파는 곳.

(2)

| ㅈ | ㅈ |

① 누나는 축구부 _____ 이다.
  * 운동 경기에서 팀을 이끄는 선수.

② 독도가 일본 땅이라는 _____ 은 잘못이다.
  * 자기 생각이나 의견을 내세우는 것.

(3)

| 제 | ㄷ |

① 우리나라는 건강 보험 _____ 를 시행하고 있다.
  * 사회나 기관을 유지하고 일을 진행하기 위한 절차나 방법.

② 하와이 _____ 는 백 개가 넘는 섬으로 이루어졌다.
  * 바다 위 일정한 구역에 속하는 여러 섬.

(4)

| ㅎ | ㅇ |

① 삼촌은 의사라는 직업에 _____ 를 느낀다고 하셨다.
  * 어떤 일에 대해 의심을 하는 것.

② 우리는 일주일에 한 번 학급 _____ 를 한다.
  * 여러 사람이 어떤 문제를 놓고 의논하는 것.

5 바꾸어 쓰기

밑줄 친 말을 다른 말로 바꾸어 쓰세요.

(1) 사람은 누구나 법 앞에서 <u>자격이나 등급 같은 것이 서로 같은</u> 대우를 받아야 한다.

(2) 이곳은 <u>어떤 조직 따위에 속하지 않는 사람</u>이 드나들 수 없는 곳이다.

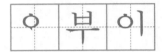

(3) 직업을 선택할 때는 <u>어떤 일에 알맞은 능력이나 성질</u>을 고려해야 한다.

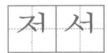

(4) 현무의 <u>특별히 잘하는 재주</u>는 성대모사다.

(5) 아버지는 올해 <u>일을 해서 얻는 이익</u>이 크게 올랐다고 하셨다.

(6) 은행 업무 시간이 지나면 <u>은행에 예금한 돈을 찾을 수 있는 기계</u>에서 돈을 찾을 수 있다.

6 무슨 뜻일까요?

밑줄 친 낱말의 알맞은 뜻을 찾아 번호를 쓰세요.

(1) 서로 생각을 존중하며 대화하면 문제를 <u>원만히</u> 해결할 수 있다.   (   )

    ① 깊은 속까지 샅샅이.

    ② 잘되어 순조롭게.

(2) 폭력적인 게임은 청소년의 정서에 해를 끼칠 <u>우려</u>가 있다.   (   )

    ① 근심이나 걱정.

    ② 가능성.

(3) 건강을 <u>고려하여</u> 자극적인 음식은 삼가야 한다.   (   )

    ① 유지하기 위해.

    ② 생각하여.

(4) 학교 수업이 끝나고 <u>연달아</u> 학원을 가려니 너무 힘들다.   (   )

    ① 남이 하는 대로 따라서.

    ② 끊이지 않고 계속 뒤를 이어.

(5) 광고에 <u>휘둘려</u> 충동적으로 물건을 사면 안 된다.   (   )

    ① 마구 조종당하거나 지배되어.

    ② 거짓말을 그대로 믿고 받아들여.

(6) 법원은 법을 토대로 <u>공정한</u> 재판을 해야 한다.   (   )

    ① 지혜롭고 이치에 맞는.

    ② 공평하고 올바른.

7 -성

다음 글자가 들어간 낱말을 빈칸에 알맞게 쓰세요.

(1) **-성(性)** : '성질'의 뜻.

① 주장이 _____ 을 가지려면 근거가 분명해야 한다.
  * 이치에 맞는 옳은 성질.

② 우리는 학급 임원의 _____ 에 대해 토론했다.
  * 꼭 갖추어야 하는 성질.

ㅌ	다	성

ㅍ	ㅇ	성

(2) **-력(力)** : '힘'의 뜻.

① 학급 대표가 되려면 _____ 을 갖추어야 한다.
  * 어떤 목적이나 방향으로 남을 이끌어 갈 수 있는 힘.

② 어머니는 _____ 이 강하시다.
  * 살아가거나 살림을 꾸리는 힘.

ㅈ	ㄷ	력

새	화	력

(3) **-적(的)** : '그 성격을 띠는'의 뜻.

① 시완이는 _____ 이고 성실한 학생이다.
  * 본받아 배울 만한 것.

② 공부를 _____ 으로 하려면 계획을 잘 세워야 한다.
  * 들인 노력에 비해 결과가 좋은 것.

③ 서울에 _____ 으로 비가 내렸다.
  * 한곳을 중심으로 모이거나 모으는 것.

④ 그는 물질만능주의에 _____ 이다.
  * 잘못된 점을 지적하여 나쁘게 말하는 것.

ㅁ	ㅂ	적

ㅎ	유	적

지	주	적

ㅂ	ㅍ	적

8 학급 회장

 다음 낱말 뜻을 보고 빈칸에 들어갈 낱말을 쓰세요.

오늘은 한 학기 동안 우리 반을 이끌어 갈 학급 (1) ⬜ 을 뽑는 날이었다. 강서현, 박건모, 고채희, 나재영, 손현준 다섯 명이 (2) ⬜ 로 나왔다. 다섯 아이는 친구들에게 공약을 내걸고 연설을 했다. 왕따 없는 학급을 만들겠다는 아이, 한 달에 한 번 피자를 돌리겠다는 아이, 방학을 늘리겠다는 아이, 학급을 위해 봉사하겠다는 아이 등 모두 자신만의 공약을 소리 높여 외쳤다.

드디어 (3) ⬜ 가 시작되었다. 나는 실천 가능한 공약을 내세운 사람이 누구인지 꼼꼼히 따져 한 명을 선택했다. (4) ⬜ 를 하는데 왠지 내가 더 떨렸다. 건모와 채희가 앞서거니 뒤서거니 하며 1, 2위를 다퉜다.

마침내 건모가 2학기 회장으로 (5) ⬜ 되었다. 밝고 재미있는 건모가 우리 반을 활기차게 이끌어 갈 모습을 기대해 본다.

(1) 단체에서 중요한 일을 맡아보는 사람.

이	ㅇ

(2) 뽑히기를 바라서 나선 사람.

ㅎ	ㅂ

(3) 단체에서 일을 맡아 할 사람을 뽑는 것.

ㅅ	ㄱ

(4) 어떤 것을 정할 때 자기 생각을 쪽지에 표시하여 내는 일.

ㅌ	ㅍ

(5) 어떤 일을 맡아 할 사람을 뽑는 것.

서	추

9 '안'과 '않'

'안'과 '않(다)'은 부정이나 반대의 뜻을 나타내는 낱말입니다.

> **안** : '아니'의 준말. 서술어를 꾸며 주며, 뒷말과 띄어 씁니다.
> 예) 나는 밥을 <u>안</u> 먹었다.
>
> **않(다)** : '아니하(다)'의 준말. 주로 '–지'와 함께 서술어를 이루며, 뒷말과 붙여 씁니다.
> 예) 나는 밥을 먹지 <u>않</u>았다.

🐱 **다음 문장에 들어갈 말을 찾아 동그라미 하세요.**

(1) 어른이 음식을 드시기 전에 먼저 먹으면 (안 / 않) 된다.

(2) 이 음식은 데우지 (안 / 않)아서 너무 차갑다.

(3) 밥을 먹을 때에 다리를 꼬고 앉는 것은 옳지 (안 / 않)은 행동이다.

(4) 형은 밥을 (안 / 않) 먹는다고 했다.

(5) 식탁에서 팔을 고이고 앉는 것은 예의에 맞지 (안 / 않)다.

(6) 누나는 밥도 먹지 (안 / 않)고 학교에 갔다.

🐱 **두 문장이 같은 뜻이 되도록 밑줄 친 부분을 바꾸어 쓰세요.**

(7) 지금은 눈이 <u>안 온다</u>. ➡ 지금은 눈이 오지 _____.

(8) 찬수는 당근을 <u>먹지 않는다</u>. ➡ 찬수는 당근을 _____.

10 '되'와 '돼'

되(다)	: ① 무엇이 다른 것으로 변하다.	예) 얼음이 녹아 물이 <u>되</u>었다.
	② 신분이나 지위를 가지다.	예) 그는 커서 농부가 <u>되</u>었다.
돼	: '되어'의 준말.	

예) 되어 → <u>돼</u>
되었다 → <u>됐</u>다

밑줄 친 말의 준말을 쓰세요.

(1) 흥부와 놀부는 사이좋은 형제가 <u>되었다</u>. →

(2) 어느새 봄이 <u>되어서</u> 꽃이 활짝 피었다. →

빈칸에 들어갈 말을 알맞게 쓰세요.

(3) 장구벌레가 자라서 모기가   었다.

(4) 아무리 사소해도 거짓말을 해서는 안   .

(5) 신데렐라는 12시가   기 전에 집으로 돌아가야 한다.

(6) 나는 너와 친구가   서 무척 기뻐.

11 '유행'과 '요행'

설명을 읽고, 괄호 안에 알맞은 낱말을 쓰세요.

유행	: 말, 노래, 옷차림 들이 사람들 사이에 널리 퍼지는 것.
요행	: 뜻밖에 얻은 행운.

(1) 올해는 꽃무늬 티셔츠가 (   )이다.

(2) 공부는 안 하고 (   )만 바라면 되겠니?

기계	: 사람을 대신해 일하는 장치.
기개	: 씩씩하고 꺾이지 않는 굳은 마음가짐.

(3) 김구 선생님의 높은 (   )를 본받고 싶다.

(4) 요즘 마트에는 (   )로 계산하는 무인 계산대가 늘고 있다.

반드시	: 틀림없이 꼭.
반듯이	: 비뚤어지지 않고 바르게.

(5) 재민이는 마당에 (   ) 누워 밤하늘의 별을 바라보았다.

(6) 자기가 한 말은 (   ) 책임져야 한다.

(7) 희정이는 은수가 (   ) 올 거라며 의자에 (   ) 앉아 있었다.

12 십자말풀이

낱말 뜻풀이를 읽고, 괄호 안에 들어갈 낱말을 빈칸에 넣어 십자말풀이를 완성하세요.

(1)
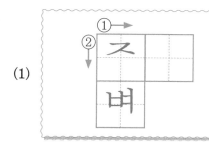

① 어떤 곳에 차를 대어 두는 것.

② 어떤 것의 둘레. 비 주위

① 이곳은 (　　　) 금지 구역이다.

② 우리 학교 (　　　)에는 문구점이 많다.

(2)
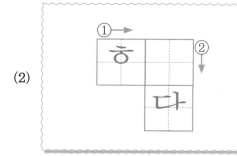

① 자신의 잘못을 깨닫고 뉘우치는 것.

② 나라와 나라, 또는 집단을 대표하는 사람들이 모여 중요한 문제를 의논하는 것.

① (　　　) 없는 삶을 살려면 지금 이 순간에 충실해야 한다.

② 남북 (　　　) 결과 이산가족들이 만날 수 있게 되었다.

(3)
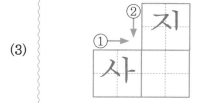

① 생활에 필요한 것을 만드는 일. 농업, 수산업, 어업, 공업, 서비스업 들이 있다.

② 살아가는 데 필요한 돈을 벌려고 하는 일.

① 농업, 어업은 1차, 제조업은 2차, 서비스업은 3차 (　　　)이다.

② 어머니의 (　　　)은 미용사다.

제 7 과 중요한 내용을 요약해요

1 무엇일까요?

그림과 설명에 맞는 이름을 보기에서 찾아 쓰세요.

(1)

← 바늘, 실, 가위 따위의 바느질 도구를 담는 그릇.

새끼나 갈대를 엮어 만든, 물건을 나르는 주머니. →

(2)

(3)

← 직사각형 종이에 대나무 살을 붙여 만든 연.

마름모꼴로 만들어 꼬리를 길게 단 연. →

(4)

* 마름모: 네 변의 길이가 모두 같은 사각형.

보기   망태기   방패연   가오리연   반짇고리

2 글

🐱 **글과 관계있는 낱말입니다. 빈칸에 알맞은 낱말을 쓰세요.**

(1) 할머니께서 어린 시절 이야기를 **수 필** 로 쓰셨다.

    * 일상생활의 느낌이나 체험을 형식에 얽매이지 않고 자유롭게 쓴 글.

(2) 진형이는 어머니의 얼굴을 상세히 **묘 사** 했다.

    * 어떤 것을 그림을 그리듯이 자세하게 표현하는 것.

(3) 심청전의 내용을 **요 약** 해 보아라.

    * 말이나 글에서 큰 줄거리만 골라 간추리는 것.

(4) **문 맥** 을 고려하며 글을 읽으면 낱말의 뜻을 파악할 수 있다.

    * 문장과 문장이 이어지면서 나타나는 중심적인 의미.

(5) 글을 쓸 때는 **맞 춤 법** 을 잘 지켜야 한다.

    * 말을 글로 옮길 때 따라야 하는 규칙.

(6) '마을'과 '동네'는 **유 의 어** , '춥다'와 '덥다'는 반의어다.

    * 뜻이 서로 비슷한 말.

3 무슨 낱말일까요?

설명을 읽고, 빈칸에 알맞은 낱말을 넣어 문장을 완성하세요.

(1) 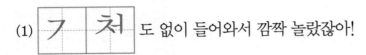 도 없이 들어와서 깜짝 놀랐잖아!

 * 누가 있는지 알게 해 주는 소리나 낌새.

(2) 자, 다들 여기를  해 보세요.

 * 관심을 가지고 주의하여 보거나 살핌.

(3) 10분 안에 문제를 푼 사람은 청소를 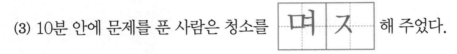 해 주었다.

 * 책임이나 의무를 지지 않게 해 주는 것.

(4) 선생님의  에 우리는 일제히 고개를 숙였다.

 * 몹시 화가 나서 꾸짖음.

(5) 원희는 떨리는  도 없이 춤추며 노래했다.

 * 마음에 품은 생각이나 느낌이 얼굴이나 몸짓으로 나타나는 것.

(6) 아버지께서는 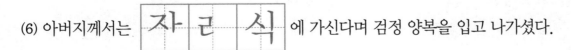 에 가신다며 검정 양복을 입고 나가셨다.

 * 죽은 사람을 땅에 묻거나, 화장(시체를 불에 태우는 것)하는 의식.

(7) 동생들에게  이 되어라.

  * 남이 따라서 배울 만한 훌륭한 본보기.

(8) 시험에 떨어졌다고 너무 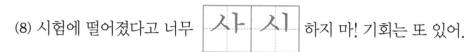 하지 마! 기회는 또 있어.

  * 슬픔이나 걱정 따위로 마음이 상함.

(9) 아버지는 우리가 살 집의  를 그리셨다.

  * 집이나 물건 같은 것을 만들려고 생김새, 크기 들을 그림으로 나타낸 것.

(10) 해정이는 문득 종이를 꺼내 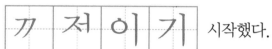 시작했다.

  * 아무렇게나 쓰거나 그리기.

(11) 집을 깨끗이  하고 나니 새집으로 이사 온 것 같다.

  * 건물, 거리 들을 깨끗하고 아름답게 꾸미는 것.

(12) 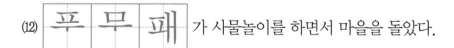 가 사물놀이를 하면서 마을을 돌았다.

  * 꽹과리, 북, 징, 장구 같은 악기를 치고, 부는 사람들의 무리.

(13) 경주에 있는 '성덕 대왕 신종'은  '에밀레종'이라고도 한다.

  * 본래 이름 말고 달리 부르는 이름.

4 병

병과 관계있는 낱말입니다. 설명을 읽고 알맞은 낱말을 찾아 쓰세요.

(1) 귀에 이상이 생겨서 잘 듣지 못하는 상태.

(2) 병의 특징이 몸에 나타나는 것. 🔵 증세

(3) 아픈 증세.

(4) 몸의 어떤 부분이 붓거나 곪아서 열이 나고 아픈 것.

(5) 신경이나 근육이 잘못되어 감각이 없어지고 몸을 움직일 수 없는 것.

(6) 병의 증세가 점차 나아지는 것.

(7) 병이 완전히 나은 것.

보기   증상   염증   호전   통증   완쾌   난청   마비

5 귀 건강

 다음 낱말 뜻을 보고 빈칸에 들어갈 낱말을 쓰세요.

귀가 건강하지 못하면 우리는 소리를 잘 들을 수 없다. 귀 건강에 가장 큰 (1) ☐ 은 '이어폰'이다. 양쪽 귀 바로 위쪽에 언어 중추가 있는 측두엽이 있다. 그래서 이 부위에 이어폰을 꽂으면 언어 중추가 음악 소리에 (2) ☐ 을 받아서 학습 내용이 잘 기억나지 않는다. 측두엽이 기억력과 (3) ☐ 을 담당하기 때문이다. 노래를 들으며 공부를 하면 뇌는 두 가지를 한꺼번에 처리해야 하기 때문에 어려움을 겪는다.

귀를 건강하게 하려면 이어폰 같은 (4) ☐ 기기를 하루에 2시간 이내로 사용하고, 소리 크기는 60퍼센트 이하로 (5) ☐ 해야 한다.

* 언어 중추: 말을 이해하고 표현하는 등의 기능을 하는 뇌 기관.

(1) 어떤 일을 하는데 장애가 되는 것을 빗대어 이른 말.

거	리	돌

(2) 감각 기관에 작용하여 어떤 반응을 일으키는 것.

ㅈ	ㄱ

(3) 소리를 느끼는 감각.

처	가

(4) 물체가 내는 소리와 울림.

음	ㅎ

(5) 어떤 상태를 그대로 이어 가는 것.

유	ㅈ

6 무슨 뜻일까요?

밑줄 친 낱말의 알맞은 뜻을 찾아 번호를 쓰세요.

(1) 현서는 <u>매서운</u> 눈초리로 나를 바라보았다.　　　　　　　(　)

　① 슬픈.

　② 날카롭고 사나운.

(2) 짙은 안개 속에서 하얀 물체가 <u>어른거렸다</u>.　　　　　　　(　)

　① 무엇이 보이다 말다 했다.

　② 선명하게 드러났다.

(3) 선희 얼굴에 기쁜 표정이 <u>역력했다</u>.　　　　　　　　　(　)

　① 또렷하지 않고 흐릿했다.

　② 훤히 알 수 있을 만큼 모습, 흔적 들이 뚜렷했다.

(4) 맞춤법은 <u>손보아야</u> 할 곳이 많지만 아주 감동적인 글이구나.　(　)

　① 결점이 없도록 잘 매만지고 보살펴야.

　② 낱낱이 검사해야.

(5) 부모님은 내가 존경하고 사랑해 <u>마지않는</u> 분이다.　　　　(　)

　① 뒷말의 뜻을 강조하는 말.

　② 앞말의 뜻을 강조하는 말.

(6) 높은 곳에 올라가면 귀가 <u>먹먹한</u> 느낌이 든다.　　　　　(　)

　① 막힌 듯이 소리가 잘 들리지 않는.

　② 간질간질한.

(7) 어머니는 과일 하나도 <u>깐깐하게</u> 고르신다.　　　　　　　　(　　　)

　　① 빈틈없고 까다롭게.

　　② 여유로운 마음을 갖고.

(8) 나는 발표하고 싶어 몸이 <u>근질근질했다.</u>　　　　　　　　(　　　)

　　① 몹시 긴장되고 떨렸다.

　　② 어떤 일을 몹시 하고 싶어 했다.

(9) 민수는 <u>웅얼거리며</u> 자기 방으로 들어갔다.　　　　　　　(　　　)

　　① 혼자 입속말로 중얼거리며.

　　② 화가 나서 큰소리로 외치며.

(10) 그는 한국인 최초로 <u>퓰리처상</u>을 받았다.　　　　　　　　(　　　)

　　① 미국에서 언론과 문학 분야에서 업적이 뛰어난 사람에게 주는 상.

　　② 미국에서 과학과 의학 분야에서 업적이 뛰어난 사람에게 주는 상.

(11) 재훈이는 <u>마른침</u>을 삼키고 노래하기 시작했다.　　　　　(　　　)

　　① 긴장했을 때 삼키는 적은 양의 침.

　　② 맛있는 음식을 보았을 때 입안에 도는 많은 양의 침.

(12) 한여름에 <u>뜬금없이</u> 무슨 눈썰매장 타령이니?　　　　　(　　　)

　　① 계절에 어울리지 않게.

　　② 갑작스럽고 엉뚱하게.

(13) 은비가 던진 돌들이 강물에 <u>찰방찰방</u> 떨어졌다.　　　　　(　　　)

　　① 무거운 물체가 물에 부딪치는 소리.

　　② 물이 큰 물결을 이루며 거세게 흔들리는 소리.

7 낱말 뜻풀이

🐱 **빈칸에 알맞은 말을 넣어서 밑줄 친 낱말의 뜻을 풀이하세요.**

(1) 선생님께서 숙제를 안 해 온 사람은 운동장 스무 바퀴를 돌아야 한다고 <u>엄포</u>를 놓으셨다.

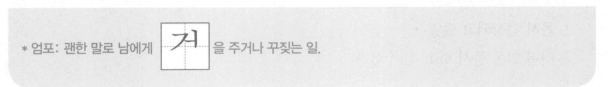

* 엄포: 괜한 말로 남에게 　겁　 을 주거나 꾸짖는 일.

(2) 사투리는 저마다 <u>억양</u>이 다르다.

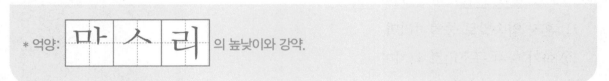

* 억양: 　마 ㅅ 리　 의 높낮이와 강약.

(3) 안데르센은 수많은 <u>걸작</u>을 남겼다.

* 걸작: 아주 　ㅎ ㄹ 한　 예술 작품.

(4) 국어사전에는 낱말과 그 뜻이 <u>수록</u>되어 있다.

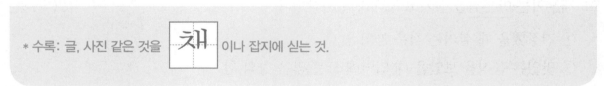

* 수록: 글, 사진 같은 것을 　책　 이나 잡지에 싣는 것.

(5) 아버지께서 대나무로 만든 숟가락에 <u>옻칠</u>을 하셨다.

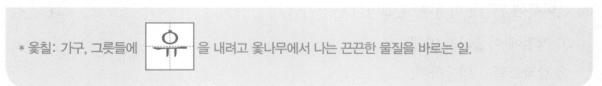

* 옻칠: 가구, 그릇들에 　윤　 을 내려고 옻나무에서 나는 끈끈한 물질을 바르는 일.

(6) 문학계에서 가장 <u>권위</u> 있는 상은 노벨 문학상이다.

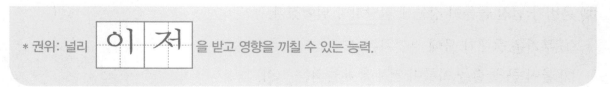

* 권위: 널리 　이 저　 을 받고 영향을 끼칠 수 있는 능력.

8 낱말 속 낱말

빈칸에 알맞은 낱말을 넣어 밑줄 친 낱말의 뜻을 풀이하고, 그 낱말을 또 풀이하세요.

(1) 창고에는 오래된 책이 <u>무더기</u>로 쌓여 있다.

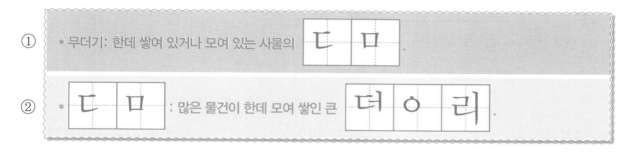

① * 무더기: 한데 쌓여 있거나 모여 있는 사물의 ㄷ ㅁ .

② * ㄷ ㅁ : 많은 물건이 한데 모여 쌓인 큰 더 ㅇ 리 .

(2) 학교에서 북한 어린이 돕기 <u>모금</u>을 하고 있다.

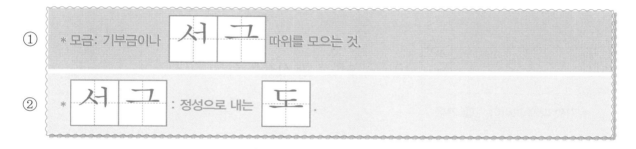

① * 모금: 기부금이나 서 ㄱ 따위를 모으는 것.

② * 서 ㄱ : 정성으로 내는 도 .

(3) 아버지는 <u>보잘것없는</u> 시계를 소중히 간직하셨다.

① * 보잘것없는: 가치가 없고 ㅎ 차 은 .

② * ㅎ 차 은 : 그다지 후 류 하 지 않은.

(4) 세호는 눈물이 <u>북받쳐</u> 올라 말을 잇지 못했다.

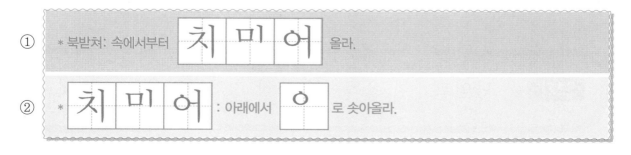

① * 북받쳐: 속에서부터 치 미 어 올라.

② * 치 미 어 : 아래에서 ㅇ 로 솟아올라.

9 꾸미는 말

🐾 **빈칸에 알맞은 낱말을 넣어 문장을 완성하세요.**

(1) 밤하늘에 [　　　　　] 별 하나가 반짝인다.

　　* 여럿 가운데서 홀로 두드러지게.

(2) 세찬이는 [　　　　　] 충격받은 척 머리를 감싸며 물었다.

　　* 속마음과 달리 일부러.

(3) [　　　　　] 10분 공부하고 한 시간을 쉬겠다고?

　　* 기껏 따져 보아야. 예 겨우

(4) 어머니의 음식 솜씨는 [　　　　　] 으뜸이시다.

　　* 두말할 것도 없이 분명하게.

(5) 문영이는 [　　　　　] 태희를 불렀다.

　　* 소리가 좀 작고 낮게.

보기　　단연코　　유독　　고작　　나직이　　짐짓

10 세세이? 세세히?

 바르게 쓴 낱말에 동그라미 하세요.

(1) 현수는 한국 전쟁에 대해 [세세이 / 세세히] 알고 싶어졌다.

(2) 허리를 [꼿꼿이 / 꼿꼿히] 펴고 똑바로 앉아라.

(3) 할아버지는 기억을 더듬듯 [천천이 / 천천히] 입을 열었다.

(4) 은율이는 옷을 [겹겹이 / 겹겹히] 껴입었다.

(5) 너는 [멀쩡이 / 멀쩡히] 잘 놀다가도 공부만 하려면 배가 아프니?

(6) 은태가 [다행이 / 다행히] 내 부탁을 들어주었다.

(7) 혜주는 쉬는 시간마다 [틈틈이 / 틈틈히] 책을 읽는다.

11 다의어

밑줄 친 낱말이 쓰인 뜻을 찾아 번호를 쓰세요.

먹다	① 마음이나 감정을 품다. ② 경기에서, 점수를 잃다.

(1) 우리는 후반전 5분 동안 두 골이나 <u>먹었다</u>.   (   )

(2) 올해는 책을 백 권 읽기로 마음을 <u>먹었다</u>.   (   )

얼굴	① 어떤 것을 대표하는 것. ② 어떤 분야에서 활동하는 사람. ③ 주위에 잘 알려져서 얻은 평판이나 체면.

(3) 내 <u>얼굴</u>을 봐서라도 용서해 줘.   (   )

(4) 우리나라 역도계에 새 <u>얼굴</u>이 등장했다.   (   )

(5) 태극기는 우리나라의 <u>얼굴</u>이다.   (   )

손	① 일손, 일하는 사람. ② 일하는 데에 드는 힘이나 노력. ③ 사람의 영향력이 미치는 범위.

(6) 옷을 만드는 일은 <u>손</u>이 많이 간다.   (   )

(7) <u>손</u>이 많아 일이 금방 끝났다.   (   )

(8) 어머니의 <u>손</u>이 미치지 않는 곳이 없었다.   (   )

12 옛날 옛적에

다음은 옛날부터 사용하고 있는 물건입니다. 그림을 보고 알맞은 이름을 찾아 쓰세요.

(1)

(2)

(3)

(4)

(5)

(6)

보기

구절판	고깔	표주박
갓집	버선본	요강

13 **십자말풀이**

낱말 뜻풀이를 읽고, 괄호 안에 들어갈 낱말을 빈칸에 넣어 십자말풀이를 완성하세요.

(1)
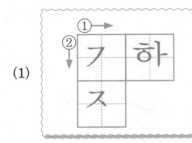

① 언제까지라고 미리 정해 놓은 때.

② 일어날 수 없다고 생각한 일이 일어나는 것.

① 독후감 제출 (   )은 다음 주 수요일이다.

② 반에서 꼴등을 도맡던 형이 3등을 하는 (   )이 일어났다.

(2)
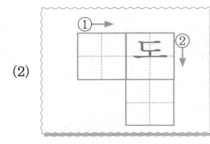

① 마음이 크게 움직여 뭉클한 느낌이 북받쳐 오르는 것.

② 자연 현상으로 땅이 넓고 깊게 파여 있는 구멍.

① 주은이는 위인전을 읽고 (   )을 받았다.

② 곰은 먹잇감을 물고 (   )로 들어갔다.

(3)
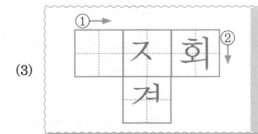

① 좋은 일을 하는 데 쓸 돈을 마련하려고 여는 시장.

② 어떤 일을 하는 데 필요한 조건이나 능력.

① 주호는 불우 이웃 돕기 (   )에서 장난감을 샀다.

② 일하지 않은 사람은 먹을 (   )이 없다.

제8과 우리말 지킴이

1 편의점

便 宜 店
편할 편 마땅 의 가게 점

고객의 편의를 위해 하루 종일 영업을 하는 가게.

 다음 설명을 읽고 '가게 점(店)'이 들어간 낱말을 쓰세요.

(1) 한 건물 안에 온갖 물건을 파는 커다란 가게.

| 배 | ㅎ | 점 |

(2) 과자나 빵 따위를 만들어 파는 가게.

| ㅈ | ㄱ | 점 |

(3) 세금을 매기지 않은 상품을 파는 가게.

| 며 | ㅅ | 점 |

(4) 물건을 낱개로 팔지 않고, 묶음으로 하여 싸게 파는 가게.

| ㄷ | ㅁ | 점 |

(5) 쇠로 만든 여러 가지 물건을 파는 가게.

| ㅊ | 무 | 점 |

(6) 길가에 물건을 벌여 놓고 파는 작은 가게.

| ㄴ | 점 |

2 무슨 낱말일까요?

설명을 읽고, 빈칸에 알맞은 낱말을 넣어 문장을 완성하세요.

(1) 우리나라는 석유를 [ㅅ | 이] 한다.

     * 다른 나라에서 물건을 사들이는 것. 🈺 수출

(2) 환경을 보호하려면 플라스틱 사용을 [자 | ㅈ] 해야 한다.

     * 느낌이나 욕심 같은 것을 참는 것.

(3) 구조 [ㅇ | ㅊ] 을 받은 구급 대원들이 신속히 도착했다.

     * 어떤 일을 해 달라고 부탁하는 것.

(4) 요즘에는 영어를 [ㅅ | 기] 옷이 너무 많다.

     * 글씨나 그림 따위를 옷감에 나타낸.

(5) 너는 사진보다 [시 | 무] 이 훨씬 예쁘구나.

     * 실제로 있는 물건이나 사람.

(6) 치아를 건강하게 [ㅂ | ㅈ] 하려면 이를 깨끗이 닦아야 한다.

     * 잘 간수하여 남아 있게 함.

(7) 그곳은 | 가 | 판 | 도 없는 허름한 식당이지만 늘 사람들로 북적였다.

    * 눈에 잘 띄게 가게나 회사 이름을 크게 적어 다는 판.

(8) 유라는 같은 반 친구들의 스마트폰 사용 | 시 | 태 | 를 조사했다.

    * 있는 그대로의 상태.

(9) 학급 게시판에는 우리가 그린 그림이 | ㅈ | ㅅ | 되어 있다.

    * 물건, 작품 따위를 벌여 놓고 사람들에게 보이는 것.

(10) | ㅁ | 부 | 볘 | 한 | 영어 사용으로 우리말이 훼손되고 있다.

    * 옳은지 그른지 조금도 헤아리지 아니한.

(11) 신고를 받은 경찰은 사건 | 혀 | ㅈ | 으로 출동했다.

    * 어떤 일이 일어난 곳.

(12) 문구점에 색종이가 | 프 | ㅈ | 되었다.

    * 물건이 다 팔리고 없음.

(13) 현규는 키에 맞게 의자의 높이를 | ㅈ | ㅈ | 히 | 조절했다.

    * 정도나 기준에 알맞게. ❹ 적당히

3 알맞은 높임 표현

우리말에는 높임말이 발달되어 있습니다. 대화를 할 때에는 대상에 따라 알맞은 높임말을 씁니다.

① 높임 대상에게 '께'나 '께서'를 붙이고, 서술어에는 높임을 나타내는 '-시-'를 붙입니다.

예) 할머니께서 뜨개질을 하신다.

② 높임을 나타내는 표현을 씁니다.

예) 나이 → 연세, 이름 → 성함, 먹다 → 드시다(잡수시다)

단, 사물에는 높임말을 쓰지 않습니다.

예) 손님, 포도주스 나오셨습니다. (×)   손님, 포도주스 나왔습니다. (○)

다음 문장을 높임 표현에 맞게 고쳐 쓰세요.

(1) 할아버지가 바둑을 둔다.

_____

(2) 할머니의 나이는 67세다.

_____

(3) 손님, 그 상품은 품절되셨습니다.

_____

(4) 주문하신 샌드위치 나오셨습니다.

_____

4 외국어

밑줄 친 말을 우리말로 바르게 고친 것을 찾아 줄로 이으세요.

(1) 이번 대회에서 상을 받은 선수들이 갈라쇼를 하게 되었다. ●   ● 누리터쪽그림

(2) 나는 우리 식구들과 이번 주말에 워터파크로 놀러가기로 했다. ●   ● 모닥불놀이

(3) 삼촌은 우리나라 최고의 웹툰 작가이시다. ●   ● 뒤풀이공연

(4) 우리는 여행 첫날 캠프파이어를 하기로 계획했다. ●   ● 손뼉 맞장구

(5) 유명한 영화배우가 핸드프린팅을 하였다. ●   ● 물놀이공원

(6) 우리 아버지야말로 내 멘토이시다. ●   ● 기념손찍기

(7) 체육대회에서 우승하고 나서 나와 친구들은 하이파이브를 했다. ●   ● 인생길잡이

5 사이시옷

두 낱말이 합쳐져서 새로운 낱말이 만들어질 때, 받침이 없는 앞 낱말에 'ㅅ'이 붙는 경우가 있습니다. 이것을 '사이시옷'이라고 합니다.

예) 나무 + 잎 ⇒ 나무잎

1. 뒷말 첫소리가 된소리(ㄲ, ㄸ, ㅃ, ㅆ, ㅉ)로 소리 나는 경우 'ㅅ'이 붙습니다.

예) 내 + 가 ⇒ [내까],[낻까] ☞ 냇가

다음 낱말을 한 낱말로 쓰세요.

(1) 코 + 등 ⇒ ▢▢ [코뜽/콘뜽]

(2) 잔치 + 집 ⇒ ▢▢▢ [잔치찝/잔친찝]

(3) 해 + 살 ⇒ ▢▢ [해쌀/핻쌀]

2. 뒷말 첫소리 'ㄴ, ㅁ'앞에서 'ㄴ'소리가 덧나는 경우 'ㅅ'이 붙습니다.

예) 시내 + 물 ⇒ [시낸물] ☞ 시냇물

두 낱말이 합쳐지기 이전의 낱말을 쓰세요.

(4) ▢ + ▢ ⇒ 잇몸[인몸]

(5) ▢▢ + ▢ ⇒ 양칫물[양친물]

> 3. 뒷말의 첫소리 모음 앞에서 'ㄴ'소리가 두 번 덧나는 경우 'ㅅ'이 붙습니다.
> 예) 깨 + 잎 ⇒ [깬닙] ☞ 깻잎

설명에 알맞은 낱말을 빈칸에 쓰세요.

(6) 배에서 하는 일.

ㅂ		

(7) 위쪽의 입술.

ㅇ			

(8) 보통 흔히 있는 일.

예	ㅅ	일

바르게 쓴 낱말을 골라 빈칸에 옮겨 쓰세요.

(9) (코날 / 콧날) 위에 (비방울 / 빗방울)이 떨어졌다.

(　　　　　　), (　　　　　　)

(10) 재형이는 (고기국 / 고깃국)에 (공기밥 / 공깃밥) 한 그릇을 먹었다.

(　　　　　　), (　　　　　　)

(11) 선주는 (아래입술 / 아랫입술)을 살짝 깨물고 책의 (뒤이야기 / 뒷이야기)를 읽어 나갔다.

(　　　　　　), (　　　　　　)

(12) 어머니께서 (나무잎 / 나뭇잎)이 그려진 (베개잇 / 베갯잇)*을 사 오셨다.

* 베개에 덧씌우는 천.

(　　　　　　), (　　　　　　)

6 한반도의 분단 과정

다음 낱말 뜻을 보고 빈칸에 들어갈 낱말을 쓰세요.

1945년 8월 15일, 우리나라는 일본의 지배에서 독립하였다. 그후 미국과 소련은 일본군의 (1) ⬚ 해제를 위하여 38도선을 경계로 남쪽에는 미군, 북쪽에는 소련군을 각각 두었다.

1945년 12월 말, 미국, 영국, 소련의 (2) ⬚ 장관이 모여 한반도 문제를 논의했다. 그 결과 한반도에 (3) ⬚ 정부를 세우기로 하고, 그 전에 5년간 (4) ⬚ 를 하기로 결정했다. 이 소식이 알려지자 우리나라에서는 (4) ⬚ 를 반대하는 사람과 찬성하는 사람 사이에 갈등이 일어났다.

그후, 미국과 소련의 대표가 모여 한반도의 정부 구성 방법을 논의했으나, 서로 입장이 달라 (5) ⬚ 를 이루지 못했다. 그 결과 남한과 북한은 각각 정부를 세워, 한반도의 분단은 굳어지고 말았다.

(1) 전쟁에 필요한 무기나 장비를 갖추는 것.

무	자

(2) 외교와 관련된 여러 가지 일.

ㅇ	ㅁ

(3) 새로 정할 때까지 잠깐.

이	ㅅ

(4) 국제 연합이 정한 큰 나라가 약한 나라를 맡아 다스리는 일.

ㅅ	타
통치

(5) 서로 다른 의견을 하나로 모으는 것.

하	ㅇ

7 띄어쓰기

내 키는 <u>1m 50cm</u>이다.

1. 한글로 나타낸 숫자는 단위를 나타내는 말과 띄어 씁니다.
   예) 일 미터 오십 센티미터(○), 일미터 오십센티미터(×)

2. 아라비아 숫자는 단위를 나타내는 말과 띄어 쓰거나 붙여 쓸 수 있습니다.
   예) 1 미터 50 센티미터(○), 1미터 50센티미터(○)

 괄호 안의 숫자에 맞게 띄어 써야 할 곳에 ∨표시 하세요. 단, 숫자와 단위를 나타내는 말은 붙여 쓰는 것으로 합니다.

(1) 부산에서로테르담까지뱃길거리는1만2700킬로미터다. (5)

(2) 우리회사는이번에원유200만배럴을수입하기로했다. (7)

    * 원유 : 땅속에서 뽑아낸 상태 그대로의 석유.　　* 배럴 : 부피의 단위. 1배럴은 약 160 ℓ (리터).

(3) 이비행기는지금10000피트상공을날고있습니다. (6)

    * 피트 : 길이의 단위. 1피트는 약 30cm(센티미터).　　* 상공 : 높은 하늘.

(4) 북극해에묻혀있는천연가스는770조제곱피트에달할것으로과학자들은예상하고있습니다. (10)

    * 제곱피트 : 넓이의 단위. 1제곱피트는 약 0.1㎡(제곱미터).
    * 조 : 억의 만 배가 되는 수. 1,000,000,000,000.

8 십자말풀이

가로 열쇠와 세로 열쇠를 잘 읽고, 빈칸을 채우세요.

		(1)		(10)	
	(2)			(9)	(8)
(3)					피
	(4)	(5)		(7)	
(12)		(6)	정		
(11)	덜				

가로 열쇠

(2) 원래의 상태를 되찾음.
　예 할머니께서 건강을 ○○하셨다.

(3) 군인이나 군대를 이르는 말. 비 병사

(4) 나라를 대표하는 사람. 예 국가 ○○

(6) 때를 씻어내는 데에 쓰는 물건. 비 세제

(7) 집을 떠난 사람이 임시로 묵는 곳.

(9) 대나무 따위로 만든 긴 막대기.

(11) 목 뒷부분.

세로 열쇠

(1) 우리나라 고유의 옷.

(2) 돈을 받고 회사에서 일하는 사람.

(5) 설거지할 때에 그릇을 닦는 물건.

(7) 교사가 학생에게 집에서 해 오라고 내 주는 공부거리. 비 과제

(8) 위험이나 피해를 피하기 위해 마련한 장소.

(10) 한 무리의 우두머리. 예 골목○○

(12) 물건의 좋고 나쁨을 잘 헤아리는 눈.
　예 이모는 옷을 고르는 ○○이 높다.

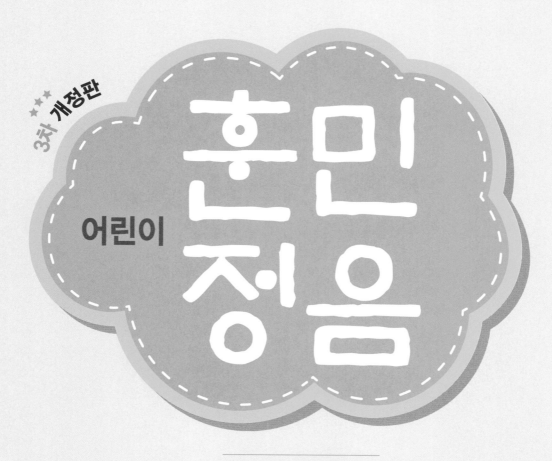

3차 개정판

어린이 **훈민 정음**

정답과 해설

띄어쓰기

원고지 사용법

맞춤법   발음

어휘력은 모든 학습의 뿌리

기초 문법

5-2

정답과 해설

본 교재는 어휘력 향상을 위해 만들었지만, 문장 하나하나도 학습에 도움이 되도록 정성을 기울였습니다. 그러므로 교재에 나오는 예시 문장을 자세히 살펴 문장 학습을 하는 데에 이용하시기 바랍니다.

본 교재는 어휘력은 물론, 맞춤법과 발음, 띄어쓰기, 기초 문법, 원고지 사용법 등의 내용을 함께 다루고 있습니다.

책을 읽고 생각을 나누어요 7쪽

1. (1) 모험심
   (2) 경쟁심
   (3) 자존심
   (4) 공포심

2. (1) 선입견
   (2) 과장
   (3) 왜곡
   (4) 상상
   (5) 질문
   (6) 경험
   (7) 저작권
   (8) 핵심어
   (9) 책갈피
   (10) 서평
   (11) 문학
   (12) 위인전

3. (1) 관심사
   (2) 청구
   (3) 분량
   (4) 재정
   (5) 지원
   (6) 선진 문물
   (7) 호소
   (8) 후원
   (9) 훗날
   (10) 제안
   (11) 혜택
   (12) 반론
   (13) 계기

4. (1) 신대륙
   (2) 왕실
   (3) 미지
   (4) 항해
   (5) 건국
   (6) 독립

5. (1) 선원
   (2) 열사
   (3) 장군
   (4) 사서
   (5) 성직자
   (6) 탐험가
   (7) 원주민

1 마음을 나누며 대화해요 14쪽

1. (1) 공감
   (2) 불안감
   (3) 열등감
   (4) 소속감

2. (1) 짚신
   (2) 나막신

(3) 소달구지

(4) 마차

(5) 계기판

(6) 조종간

 해설

(1) 짚신: 볏짚으로 새끼를 꼬아 만든 신.

(2) 나막신: 나무를 파서 만든 신. 앞뒤에 높은 굽이 있어서 비가 오는 날에 신었다.

(3) 소달구지: 소가 끄는 수레.

(4) 마차: 말이 끄는 수레.

(5) 계기판: 기계 장치들의 작동 상태를 알리는 판. 바늘이 눈금을 가리켜 기계의 상태를 알린다.

(6) 조종간: 비행기 조종사가 비행기를 조종하는 막대 모양의 장치.

3. (1) 마침

(2) 금세

(3) 수세미

(4) 금속

(5) 집안일

(6) 누리 소통망

(7) 경청

(8) 걔

(9) 참말로

(10) 만날

(11) 쇳덩이

(12) 드넓은

(13) 훈련

4. (1) 농담

(2) 험담

(3) 조정

(4) 조종

(5) 온라인

(6) 오프라인

5. (1) ①

(2) ②

(3) ①

(4) ①

(5) ①

(6) ①

 해설

문제의 오답 풀이입니다.

(1) ② 정성껏

6. (1) 덜컹덜컹

(2) 들썩들썩

(3) 너덜너덜

(4) 너울너울

(5) 조물조물

7. (1) 청동기

(2) 정복

(3) 토기

(4) 고인돌

(5) 상해

(6) 노비

8. (1) 부수고

(2) 설거지

(3) 프라이팬

(4) 닦으셨다

(5) 부엌

(6) 나으면

(7) 있대

 해설

(1) 부수다: 깨뜨려 못 쓰게 만들다.
· 부시다: 물로 깨끗이 씻다.

(6) 낫다: 병이나 상처가 치유되어 없어지다.
'나아, 나으니, 낫고'로 활용됩니다.

(7) · '-(는)대'는 '-다고해'의 준말입니다.
예) 그 책 무척 재미 있대.
· '데'는 직접 겪은 일을 말할 때 씁니다. '-더라'의 뜻.
예) 한라산은 경치가 정말 좋데.

9. (1) 내가∨열일곱∨살∨때야.

(2) 네∨열두∨번째∨생일을∨진심으로∨축하해.

(3) 아무도∨안∨볼∨테니까∨여기에서∨노는∨건∨어때?

(4) 지난번∨그림∨대회에서∨상을∨못∨받아서∨무척∨서운했어.

(5) 어머니의∨말씀을∨들으니∨내∨마음이∨봄눈∨녹듯∨풀렸다.

(6) 어머니는∨한숨을∨한∨번∨쉬시고는∨얼굴에∨웃음을∨띠고∨말씀하셨다.

(7) 온∨세상이∨너더러∨날∨수∨없다고∨말해도∨날고∨싶다면∨날개를∨펼쳐라.

 해설

(1) 수는 '만' 단위로 띄어 씁니다.

예) 12억 3456만 7890

열일곱(○), 열 일곱(×)

단위를 나타내는 말은 앞말과 띄어 씁니다.

예) 열일곱 살, 한 권, 열 명, 네 송이

(3) '테니까'는 '예정', '추측', '의지'의 뜻을 나타내는 말입니다. 앞말과 띄어 씁니다.

예) 지금 갈 테니까 조금만 기다려.

(4) '지난번'은 '지나간 차례나 때'의 뜻으로 붙여 씁니다. '지난여름, 지난밤, 지난날, 지난주, 지난달, 지난해' 등도 모두 붙여 씁니다.

(6) · 한 번: 횟수의 의미를 나타낼 때는 띄어 씁니다.

예) 한 번만 용서해 주세요.

· 한번: '기회'나 '강조'의 의미를 나타낼 때는 붙여 씁니다.

예) 나중에 한번 보자.

2 지식이나 경험을 활용해요 24쪽

1. (1) 수줄

(2) 암줄

(3) 비녀목

(4) 힘겨루기

2. (1) 냉동

(2) 빙고전

(3) 장빙

(4) 빙실

(5) 배수로

(6) 단열

3. (1) 대동

(2) 행렬

(3) 기원

(4) 가열

(5) 접촉

(6) 삼국사기

(7) 흙무덤

(8) 순환

(9) 진로

(10) 발길

(11) 막상

(12) 추천

(13) 관람

4. (1) 무형 문화재

(2) 냉기

(3) 흡수

(4) 공급

(5) 규정

(6) 저장

5. (1) 젖혀

(2) 제쳐

(3) 겨누었다

(4) 겨루었다

(5) 불볕더위

(6) 무더위

6. (1) 짚

(2) 농악대

(3) 풍년

(4) 일손

(5) 왕겨

(6) 종자

7. (1) 정월
  (2) 대보름
  (3) 한겨울
  (4) 농번기
  (5) 농한기
  (6) 입추

8. (1) 반지하
  (2) 담
  (3) 천장
  (4) 장대석
  (5) 화강암
  (6) 출입구

9. (1) 측정
  (2) 전도
  (3) 대류
  (4) 복사
  (5) 비커
  (6) 알코올램프

10. (1) 견학
  (2) 상설
  (3) 개관
  (4) 업적
  (5) 일대기

11. (1) ②
  (2) ②
  (3) ①
  (4) ①
  (5) ①
  (6) ②

12. (1) 남자
  (2) 색깔
  (3) 사람
  (4) 임금
  (5) 조상
  (6) 방향

7.

	(1)항	공	(2)기		
(3)오	해		(4)백	(5)두	산
염		(6)오	레		
	(7)창	작		(8)박	(9)수
		(10)교	(11)복		의
			(12)사	육	사

3 의견을 조정하며 토의해요 38쪽

1. (1) 노동
  (2) 무역
  (3) 관광
  (4) 보건

2. (1) 고조선
  (2) 신라
  (3) 고구려
  (4) 백제
  (5) 가야
  (6) 발해
  (7) 고려

3. (1) 미세 먼지
  (2) 소모
  (3) 갈등
  (4) 동의
  (5) 비용
  (6) 토의
  (7) 필수품
  (8) 도표
  (9) 틈새
  (10) 검토
  (11) 비만
  (12) 예외
  (13) 불안감

4. (1) 자제

   (2) 배치

   (3) 기사

   (4) 띄어

5. (1) 합리적

   (2) 파악

   (3) 조건

   (4) 예측

   (5) 반응

   (6) 결정

6. (1) 약용

   (2) 저장용

   (3) 의료용

   (4) 개인용

   (5) 일회용

7. (1) ① 보도문

     ② 감상문

   (2) ① 사회자

     ② 범죄자

   (3) ① 출판사

     ② 신문사

   (4) ① 우울증

     ② 불면증

8. (1) 해로운

   (2) 증가

   (3) 적신호

   (4) 방안

   (5) 비판

   (6) 향상

9. (1) ②

   (2) ②

   (3) ①

   (4) ②

   (5) ②

   (6) ①

10. (1) 그깟

   (2) 쓰레기

   (3) 및

   (4) 이끌어

   (5) 밀리미터

   (6) 센티미터

   (7) 킬로미터

11.

(1)상	(2)영		(3)피	해	(4)자
	(5)상	(6)보			만
	통		(7)양	심	
(13)공	(8)이	(9)재	민		
(12)유	(11)충	학			
	(10)고	학	생		

4 겪은 일을 써요   50쪽

1. (1) ㉰

   (2) ㉮

   (3) ㉯

   (4) ㉰

   (5) ㉯

2. (1) 토끼가 뛰어다니고 나비가 날아다닌다.

   (2) 동생이 노래를 부르고 춤을 추었다.

   (3) 먹는다

   (4) 했다

   (5) 할아버지께서 진지를 드신다(잡수신다).

   (6) 나는 할머니께 선물을 드렸다.

   (7) 좋아하지 않는다

   (8) 보지 못했다

   (9) 없다

3. (1) 해변
   (2) 까닭
   (3) 되풀이
   (4) 글머리
   (5) 항상
   (6) 수정했다

4. (1) 안방
   (2) 실감
   (3) 관심
   (4) 환경
   (5) 산책
   (6) 도전
   (7) 파괴
   (8) 성취
   (9) 속담
   (10) 여간
   (11) 조각
   (12) 간격
   (13) 조건

5. (1) 명령
   (2) 교훈
   (3) 겨룸
   (4) 펼쳐
   (5) 나누어
   (6) 생겨나는

6. (1) ②
   (2) ①
   (3) ①
   (4) ②
   (5) ①
   (6) ②

7. (1) 의성어
   (2) 의태어
   (3) 고유어
   (4) 외래어

   (5) 표준어

8. (1) 복사
   (2) 저장
   (3) 편집
   (4) 전자책
   (5) 글감
   (6) 조직

9. (1) 이자율
   (2) 확률
   (3) 시청률
   (4) 입학률
   (5) 할인율
   (6) 문맹률

10. (1) 쇳덩어리
    (2) 한참
    (3) 쭈뼛쭈뼛
    (4) 퍼붓는
    (5) 분량
    (6) 차례
    (7) 야단맞아서

해 설

(2) · 한참: 시간이 꽤 지나는 동안.
      예) 희수가 오기를 한참 기다렸다.
    · 한창: 가장 왕성하고 활기 있게.
      예) 지금은 장사하느라 한창 바쁠 때야.
(3) · 쭈뼛쭈뼛: 부끄럽거나 무서워서 머뭇거리는
      모양.
(4) · 붓다(부어, 붓고): 쏟아서 담다.
      예) 냄비에 물을 붓고 라면을 넣었다.
    · 붇다(불어, 붇는): 부피가 커지다.
      예) 국수가 불어 맛이 없다.

11.

		(1)농			(2)양
(3)무	더	기		(4)간	식
인		(5)구	(6)미	호	
(7)도	(8)장		달		
	독		(9)이	기	(10)심
	(11)대	청			정

함께 연극을 즐겨요 63쪽

1. (1) 극본
   (2) 배우
   (3) 무대
   (4) 관객
   (5) 감정

2. (1) 공연
   (2) 가면
   (3) 몸짓
   (4) 대사
   (5) 즉흥
   (6) 장면

3. (1) 보폭
   (2) 재판
   (3) 격려
   (4) 원님
   (5) 마냥
   (6) 아늑함

4. (1) 장수
   (2) 장사
   (3) 정승
   (4) 장승
   (5) 여의고
   (6) 여위고

5. (1) 벼
   (2) 볏단
   (3) 낟가리
   (4) 낟알
   (5) 쟁기
   (6) 호미

 해설

(1) 벼: 봄에 논에 심어 가을에 거두는, 쌀을 열매로 맺는 농작물.
(2) 볏단: 벼를 베어 묶은 것.
(3) 낟가리: 낟알이 붙은 볏단을 쌓아 놓은 더미.
(4) 낟알: 껍질을 벗기지 않은 곡식 알갱이.
(5) 쟁기: 논밭을 가는 농기구. 소나 말이 끈다.
(6) 호미: 감자, 고구마를 캐거나 풀을 뽑는 데 쓰는 농기구. 세모꼴 쇠붙이에 나무 자루가 달렸다.

6. (1) 까매져서
   (2) 귀찮다고
   (3) 노랗게
   (4) 하마터면
   (5) 오랜만
   (6) 드러내지
   (7) 알아맞혔다

 해설

(5) '오랜만'은 '오래간만'의 줄임말입니다.
(6) · 드러내다: 숨겨져 있던 것을 알게 하다.
   · 들어내다: 물건을 들어서 밖으로 옮기다.

7.

	(1)사	료		(9)정	월
(2)연	방			수	
장		(8)시	나	리	(7)오
(3)자	(4)정				솔
	물		(6)고	삽	길
	(5)화	수	분		

5 여러 가지 매체 자료 70쪽

1. (1) 인쇄
   (2) 영상
   (3) 인터넷
   (4) 특성
   (5) 자막

2. (1) 탐색
   (2) 계정
   (3) 댓글
   (4) 추신
   (5) 출처
   (6) 정보

3. (1) 자부심
   (2) 뇌물
   (3) 사생활
   (4) 잔꾀
   (5) 단박
   (6) 참조
   (7) 낌새
   (8) 가치관
   (9) 예의
   (10) 신상
   (11) 증거
   (12) 역공
   (13) 입장

4. (1) 단점
   (2) 선플
   (3) 오해
   (4) 성공
   (5) 보태어
   (6) 가여운

5. (1) 잠자코
   (2) 된통
   (3) 좀처럼

(4) 여전히
(5) 좀처럼
(6) 잠자코
(7) 여전히
(8) 된통

6. (1) ②
   (2) ①
   (3) ②
   (4) ②
   (5) ②
   (6) ①

 해설

문제의 오답 풀이입니다.
(1) ① 거짓
(2) ② 기발한
(3) ① 후퇴
(6) ② 궁색한

7. (1) 촉박하다
   (2) 두둔했다
   (3) 반박했다
   (4) 모함했다
   (5) 의심했다
   (6) 비방했다

8. (1) 재외
   (2) 재고
   (3) 재임
   (4) 재미
   (5) 재위

9. (1) 조회
   (2) 시각
   (3) 일러
   (4) 보수

10. (1) 꼬리에 꼬리를 물다. — 계속 이어지다.
(2) 꼬리를 내리다. — 상대에게 기세가 꺾여 물러서거나 움츠러들다.
(3) 눈을 의심하다. — 믿지 않고 이상하게 생각하다.
(4) 손이 맵다. — 일하는 것이 빈틈없고 야무지다.
(5) 발이 뜸하다. — 자주 다니다가 한동안 가지 않다.
(6) 코가 꿰이다. — 약점이 잡히다.

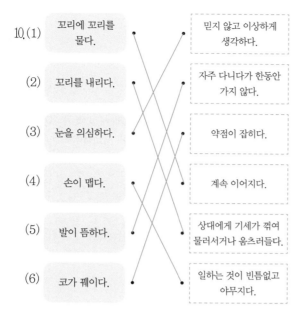

11. (1) 의원
(2) 동포
(3) 탐정
(4) 작가
(5) 환자
(6) 사냥꾼
(7) 독립 운동가

12. (1) 그가∨누구인지∨알∨것∨같다.
(2) 남의∨사생활을∨퍼뜨리는∨건∨나쁜∨짓이다.
(3) 서영이가∨이제∨모든∨걸∨다∨알았구나.
(4) 찬혁이는∨수현이에∨대해서∨잘∨알고∨있는∨듯하다.
(5) 자기∨생각을∨당당하게∨밝힐∨줄∨아는∨주미가∨부러웠다.
(6) 둘∨중∨한∨사람은∨우릴∨속이고∨있는∨거네?
(7) 전학∨온∨해찬이는∨성격이∨좋아∨금세∨친구들과∨잘∨어울렸다.

6 타당성을 생각하며 토론해요 83쪽

1. (1) 의논
(2) 주제
(3) 발언
(4) 근거
(5) 협의

2. (1) 단속
(2) 실현
(3) 열풍
(4) 대세
(5) 친분
(6) 부담
(7) 설문
(8) 면담
(9) 대안
(10) 증명
(11) 대비
(12) 의문
(13) 평론가

3. (1) 불법 — 합법
(2) 개방 — 폐쇄
(3) 장래 — 과거
(4) 응답 — 질문
(5) 부정 — 긍정
(6) 참여 — 불참
(7) 다수 — 소수

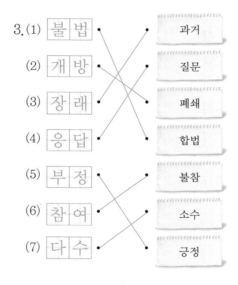

4. (1) 시장
(2) 주장
(3) 제도
(4) 회의

5. (1) 동등한
(2) 외부인
(3) 적성
(4) 특기

(5) 소득

(6) 현금 지급기

6. (1) ②

(2) ①

(3) ②

(4) ②

(5) ①

(6) ②

 해 설

문제의 오답 풀이입니다.

(1) ① 속속들이

(4) ① 덩달아

(5) ② 속아

(6) ① 현명한

7. (1) ① 타당성

② 필요성

(2) ① 지도력

② 생활력

(3) ① 모범적

② 효율적

③ 집중적

④ 비판적

8. (1) 임원

(2) 후보

(3) 선거

(4) 투표

(5) 선출

9. (1) 안

(2) 않

(3) 않

(4) 안

(5) 않

(6) 않

(7) 않는다

(8) 안 먹는다

 해 설

쓰임이 헷갈릴 때는 문장에서 '안'과 '않'을 빼 봅니다. '안' 또는 '않'을 뺐을 때 문장이 자연스러우면 '안', 어색하면 '않'을 씁니다.

예) 진희는 당근을 □ 먹는다.

☞ 문장이 자연스럽습니다. → '안'을 씁니다.

진희가 당근을 먹지 □ 는다.

☞ 문장이 어색합니다. → '않'을 씁니다.

10. (1) 됐다

(2) 돼서

(3) 되

(4) 돼

(5) 되

(6) 돼

 해 설

쓰임이 헷갈릴 때는 '하'와 '해'로 바꾸어 봅니다. 이때, '하'가 자연스러우면 '되', '해'가 자연스러우면 '돼'를 씁니다.

예) 잘해요(O) → 잘돼요(O)

잘하요(×) → 잘되요 (×)

11. (1) 유행

(2) 요행

(3) 기개

(4) 기계

(5) 반듯이

(6) 반드시

(7) 반드시, 반듯이

12. (1) ① 주차

② 주변

(2) ① 후회

② 회담

(3) ① 산업

② 직업

1. (1) 반짇고리
   (2) 망태기
   (3) 방패연
   (4) 가오리연

2. (1) 수필
   (2) 묘사
   (3) 요약
   (4) 문맥
   (5) 맞춤법
   (6) 유의어

3. (1) 기척
   (2) 주목
   (3) 면제
   (4) 호통
   (5) 기색
   (6) 장례식
   (7) 모범
   (8) 상심
   (9) 설계도
   (10) 끼적이기
   (11) 단장
   (12) 풍물패
   (13) 일명

4. (1) 난청
   (2) 증상
   (3) 통증
   (4) 염증
   (5) 마비
   (6) 호전
   (7) 완쾌

5. (1) 걸림돌
   (2) 자극
   (3) 청각
   (4) 음향
   (5) 유지

6. (1) ②
   (2) ①
   (3) ②
   (4) ①
   (5) ②
   (6) ①
   (7) ①
   (8) ②
   (9) ①
   (10) ①
   (11) ①
   (12) ②
   (13) ①

 해 설

문제의 오답 풀이입니다.
(3) ① 아련했다
(4) ② 점검해야
(13) ② 철렁철렁

7. (1) 겁
   (2) 말소리
   (3) 훌륭한
   (4) 책
   (5) 윤
   (6) 인정

8. (1) ① 더미
      ② 더미, 덩어리
   (2) ① 성금
      ② 성금, 돈
   (3) ① 하찮은
      ② 하찮은, 훌륭하지
   (4) ① 치밀어
      ② 치밀어, 위

9. (1) 유독

(2) 짐짓

(3) 고작

(4) 단연코

(5) 나직이

10. (1) 세세히

(2) 꼿꼿이

(3) 천천히

(4) 겹겹이

(5) 멀쩡히

(6) 다행히

(7) 틈틈이

 해 설

어떤 말에 '-히'나 '-이'를 붙여 꾸미는 말을 만듭니다.

1. '-히' : '-하다'가 붙는 말에 붙입니다.
예) 세세하다 → 세세히, 멀쩡하다 → 멀쩡히

2. '-이' : 다음과 같은 경우에 붙입니다.
① '-하다'가 붙을 수 없는 말.
예) 같다→ 같이(○), 같하다(×)

② '-하다'가 붙는 말 중에 'ㅅ'받침으로 끝나는 말.
예) 깨끗하다 → 깨끗이, 느긋하다 → 느긋이

③ 같은 말이 반복적으로 합쳐진 말.
예) 꼿꼿이, 틈틈이, 겹겹이

11. (1) ②

(2) ①

(3) ③

(4) ②

(5) ①

(6) ②

(7) ①

(8) ③

12. (1) 갓집

(2) 구절판

(3) 버선본

(4) 요강

(5) 고깔

(6) 표주박

 **해 설**

(1) 갓집: 갓을 넣어두는 상자.

(2) 구절판: 둘레의 여덟 칸에 담긴 것을 가운데 담긴 밀가루 전에 싸 먹는 음식.

(3) 버선본: 버선을 지을 때 감을 떠내기 위해 종이로 만든 본.

(4) 요강: 오줌을 누는 그릇.

(5) 고깔: 무당, 풍물패 등이 머리에 쓰는 세모난 모양의 모자.

(6) 표주박: 박을 반으로 쪼개 만든 바가지.

13. (1) ① 기한

② 기적

(2) ① 감동

② 동굴

(3) ① 바자회

② 자격

8 우리말 지킴이 111쪽

1. (1) 백화점

(2) 제과점

(3) 면세점

(4) 도매점

(5) 철물점

(6) 노점

2. (1) 수입

(2) 자제

(3) 요청

(4) 새긴

(5) 실물

(6) 보존

(7) 간판

(8) 실태

(9) 전시

⑩ 무분별한

⑪ 현장

⑫ 품절

⑬ 적절히

3.(1) 할아버지께서 바둑을 두신다.

　(2) 할머니의 연세는 67세이시다.

　(3) 손님, 그 상품은 품절되었습니다.

　(4) 주문하신 샌드위치 나왔습니다.

4.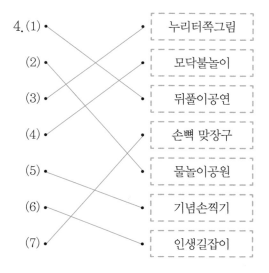

(1) — 손뼉 맞장구
(2) — 물놀이공원
(3) — 모닥불놀이
(4) — 인생길잡이
(5) — 뒤풀이공연
(6) — 누리터쪽그림
(7) — 기념손찍기

5.(1) 콧등

　(2) 잔칫집

　(3) 햇살

　(4) 이, 몸

　(5) 양치, 물

　(6) 뱃일

　(7) 윗입술

　(8) 예삿일

　(9) 콧날, 빗방울

　⑩ 고깃국, 공깃밥

　⑪ 아랫입술, 뒷이야기

　⑫ 나뭇잎, 베갯잇

6.(1) 무장

　(2) 외무

　(3) 임시

　(4) 신탁

　(5) 합의

7.(1) 부산에서∨로테르담의∨뱃길∨거리는∨1만∨2700킬로미터다.

　(2) 우리∨회사는∨이번에∨원유∨200만∨배럴을∨수입하기로∨했다.

　(3) 이∨비행기는∨지금∨10000피트∨상공을∨날고∨있습니다.

　(4) 북극해에∨묻혀∨있는∨천연가스는∨770조∨제곱피트에∨달할∨것으로∨과학자들은∨예상하고∨있습니다.

8.

		⁽¹⁾한		⁽¹⁰⁾대	
	⁽²⁾회	복		⁽⁹⁾장	⁽⁸⁾대
⁽³⁾군	사				피
	⁽⁴⁾원	⁽⁵⁾수		⁽⁷⁾숙	소
⁽¹²⁾안		⁽⁶⁾세	정	제	
⁽¹¹⁾목	덜	미			

시서례 초등 학습서

 어린이 훈민정음

- 교과서 중심의 어휘력 교재.
- 다양한 형식의 문제를 풀면서 쉽고 재미있게
  어휘력을 키울 수 있습니다.
  학년별2권 총12권

 초등국어 독해력 비타민

- 다양한 장르와 소재에 적응하게 해주는 독해력 교재.
- 동화, 설명문, 논설문, 시, 기사문 등 여러 형식과 문학, 과학,
  역사, 사회, 철학 등 다양한 내용의 예문으로
  폭넓은 독해력을 갖게 해줍니다.
  단계별1권 총6권

나의생각 글쓰기 나의 생각 글쓰기

- 기초 문장력부터 바로잡아 주는 갈래별 글쓰기 교재.
- 일기, 생활문, 독후감, 논설문, 설명문 등을 학년에 맞게
  구성하였습니다.
  학년별2권 총12권